Bibliografische Information der Deutschen Nationalbibliothek:

Die Deutsche Bibliothek verzeichnet diese Publikation in der Deutschen National-
bibliografie; detaillierte bibliografische Daten sind im Internet über http://dnb.d-
nb.de/ abrufbar.

Impressum:

Copyright © 2019 GRIN Verlag
Druck und Bindung: Books on Demand GmbH, Norderstedt Germany
ISBN: 9783668936089

Dieses Buch bei GRIN:

https://www.grin.com/document/464543

Maximilian Bogner

Möglichkeiten und Grenzen des Neuromarketing im deutschen Einzelhandel

GRIN Verlag

GRIN - Your knowledge has value

Der GRIN Verlag publiziert seit 1998 wissenschaftliche Arbeiten von Studenten, Hochschullehrern und anderen Akademikern als eBook und gedrucktes Buch. Die Verlagswebsite www.grin.com ist die ideale Plattform zur Veröffentlichung von Hausarbeiten, Abschlussarbeiten, wissenschaftlichen Aufsätzen, Dissertationen und Fachbüchern.

Besuchen Sie uns im Internet:

http://www.grin.com/

http://www.facebook.com/grincom

http://www.twitter.com/grin_com

Möglichkeiten und Grenzen des Neuromarketing am Beispiel des deutschen Einzelhandels

Name: Maximilian Bogner

Inhalt

Abbildungsverzeichnis

Einleitung

Der Einzelhandel[1] ist der drittgrößte Wirtschaftszweig in Deutschland. 300.000 Unternehmen erwirtschaften dabei 513,3 Mrd. Euro Jahresumsatz (2018).[2] Gegenüber 432,2 Mrd. Euro im Jahr 2000 bedeutet das einen Anstieg um lediglich 18,8 Prozent.[3] Rund drei Millionen Beschäftigte (darunter 150.000 Auszubildende) haben täglich 50 Mio. Kundenkontakte.[4]

Die Unternehmen im deutschen Einzelhandel stehen gegenwärtig vor großen Herausforderungen. Dabei nehmen das Management einer zunehmenden Sortimentsvielfalt, die vielfältigen interaktiven Distributionskanäle, der demografische Wandel in der Bevölkerung sowie die veränderten Einkaufsgewohnheiten der Konsumenten eine hohe Priorität ein (vgl. Abbildung 1).[5]

Abbildung 1: Aktuelle Herausforderungen für den deutschen Einzelhandel

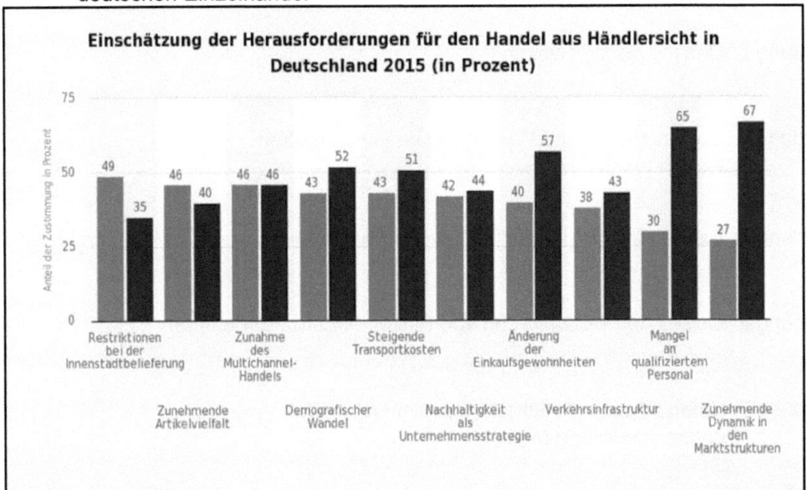

Quelle: Statista (2017).

---

[1] Die Handelsbranche lässt sich systematisch in die Wirtschaftszweige Einzel-, Groß- und Kfz-Handel untergliedern. Einzelhandel (in der Schweiz: Detailhandel) bezeichnet den Vertrieb von Konsumgütern an den nichtgewerblichen Endverbraucher. Im Einzelhandel wird zwischen dem Einzelhandel im engeren und weiteren Sinne unterschieden. Letzterer enthält auch Tankstellen und Apotheken. Unternehmen, die überwiegend gewerbliche Kunden wie Firmen oder Behörden beliefern, werden dem Großhandel zugerechnet: Vgl. Statista (2017), Marktdaten zum Handel, https://de.statista.com/statistik/kategorien/kategorie/20/branche/handel, (letzter Zugriff am 18.04.2017).

[2] Vgl. Handelsverband Deutschland (HDE) (2018): Der deutsche Einzelhandel, o.O., S. 2.

[3] Vgl. Statista (2017): Dossier. Einzelhandel in Deutschland, o.O., S. 31.

[4] Vgl. Handelsverband Deutschland (HDE) (2018): Der deutsche Einzelhandel, o.O., S. 2.

[5] Vgl. Statista (2017), https://de.statista.com/statistik/daten/studie/421247/umfrage/herausforderungen-fuer-den-handel-aus-haendlersicht-in-deutschland-2015, (letzter Zugriff am 18.04.2017).

Nach einer Studie des deutschen Handelsverbandes (HDE) gehören zu den wichtigsten Themen im deutschen Einzelhandel im Jahr 2018 ein hoher Wettbewerbsdruck, die Kaufzurückhaltung der Kunden, der Attraktivitätsverlust der Innenstädte, der Onlinehandel sowie die Belastungen im Mittelstand.[6]

Mit dem Thema „Möglichkeiten und Grenzen des Neuromarketing am Beispiel des deutschen Einzelhandels" soll zum einen aufgezeigt werden, was sich hinter dem Schlagwort „Neuromarketing" verbirgt. Zum anderen soll analysiert und dargestellt werden, wie sich diese Disziplin in den letzten Jahren entwickelt hat und welche Möglichkeiten Unternehmen im deutschen Einzelhandel haben, Erkenntnisse des Neuromarketings im Rahmen des Marketings einzusetzen.

Entsprechend wird im Verlauf dieser Arbeit folgende konkrete Leitfrage beantwortet:

Wie können Unternehmen im deutschen Einzelhandel Erkenntnisse des Neuromarketing nutzen, um den Absatz eigener Produkte und/oder Dienstleistungen zu optimieren?

Um die Leitfrage fundiert beantworten zu können, ist der Aufbau der Arbeit inhaltlich in sieben Teile gegliedert.

Nach einer Darstellung der gegenwärtigen Strukturen und der aktuellen Entwicklung im deutschen Einzelhandel folgen in Kapitel 1 einige Definitionen und Abgrenzungen sowie die Einführung in die Hirnforschung mit einer Darstellung der wichtigsten Verfahren in diesem Zusammenhang.

Anschließend wird auf das Konsumverhalten aus der Sicht des Neuromarketing eingegangen. Insbesondere sollen hier Emotionen und Codes näher betrachtet werden.

Aufbauend darauf werden in einem dritten Punkt die Erkenntnisse aus der Hirnforschung zum Konsumentenverhalten aufgegriffen und in spezifische Handlungsimplikationen für Unternehmen im deutschen Einzelhandel überführt. Explizit wird dabei auf die Sortiments-, Preis-, Kommunikations- und Distributionspolitik eingegangen.

Im vierten Kapitel wird die Leitfrage aufgegriffen und im Detail dargestellt, wie und in welchen Bereichen die Unternehmen im deutschen Einzelhandel Neuromarketing zur Absatzsteigerung nutzen können.

Bevor ein Fazit am Ende der Arbeit diese Möglichkeiten nochmals zusammenfasst, werden in einem fünften Kapitel die Grenzen des Neuromarketings im Einzelnen aufgezeigt und es wird besprochen, in welchen Bereichen mit Limitationen zu rechnen ist.

Bei einer Betrachtung des Einzelhandels fällt auf, dass in vielen der Unternehmen im Hinblick auf die Größe der angebotenen Sortimente die Devise immer noch lautet „je mehr, desto besser". Diese Argumentation beruht auf der Annahme, dass die Bedürfnisse von Konsumenten unterschiedlich sind und diese durch eine höhere Anzahl an Produkten besser erfüllt werden können.[7] So sind beispielsweise im deutschen Lebensmitteleinzelhandel, je nach Betriebsform, zwischen über 2.000 und knapp 50.000 Artikel verfügbar.[8]

---

[6] Vgl. Statista (2019): Dossier. Einzelhandel in Deutschland, o.O., S. 40.

[7] Vgl. Riemenschneider, M. (2005): Der Wert von Produktvielfalt. Wirkung großer Sortimente auf das Verhalten von Konsumenten, Dissertation der Universität St. Gallen, S. 1 ff.

[8] Vgl. Statista (2016), https://de.statista.com/statistik/daten/studie/309556/umfrage/artikel-im-lebensmitteleinzelhandel-in-deutschland-nach-betriebsformen, (letzter Zugriff am 01. April 2017). Diese zunehmende Produkt- und Markenvielfalt ist auch auf Herstellerseite zu beobachten. So erhöhten sich die Markenneueintragungen in Deutschland beim Deutschen Patent- und Markenamt um knapp 5 Prozent von 49.771 im Jahr 2010 auf

Angenommen wird dabei eine höhere Wahrscheinlichkeit, dass ein Konsument ein seinen Bedürfnissen entsprechendes Produkt bei einer großen Auswahl eher findet und kauft als bei einer kleinen Auswahl. Dabei wird teilweise übersehen, dass eine zu hohe Produktvielfalt auch zu einer Konsumentenverwirrtheit führen kann. Demnach haben Konsumenten Schwierigkeiten mit einer zu hohen Komplexität und zu einer zu großen Vielfalt, in deren Folge sowohl ihre Kaufabsicht als auch ihre Zufriedenheit sinkt.[9]

Zu einer schwierigen Situation im deutschen Einzelhandel trägt auch bei, dass sich der Anteil des deutschen Einzelhandels an den privaten Konsumausgaben in Deutschland von 35,4 Prozent im Jahr 2000 auf 29,6 Prozent im Jahr 2017 verringerte. So   sank beispielsweise der Anteil von Nahrungsmitteln, Getränken und Tabakwaren von 14,6 Prozent im Jahr 2000 auf 14,0 Prozent im Jahr 2018. Der Anteil von Bekleidung und Schuhen im gleichen Betrachtungszeitraum verringerte sich von 6,0 Prozent auf 4,7 Prozent, während sich der Anteil für Einrichtungsgegenstände sowie Geräten für den Haushalt von 7,8 Prozent auf 6,8 verringerte.[10] Darüber hinaus weisen die Besucherfrequenzen im stationären Einzelhandel in den letzten drei Jahren deutliche negative Tendenzen auf.[11] Überdies ist eine sinkende Flächenproduktivität zu beobachten. So sank der Umsatz pro Quadratmeter von 3.735 Euro im Jahr 2000 auf 3.317 Euro im Jahr 2014 um insgesamt 12,2 Prozent.[12]

Hinzu kommt, dass der Umsatz durch E-Commerce im deutschen Einzelhandel stetig steigt. Dieser erhöhte sich von 1,3 Mrd. Euro (2000) auf 53,6 Mrd. Euro (2018) um ein Vielfaches. Für das Jahr 2019 wird ein Anstieg gegenüber dem Vorjahr um 8,5 Prozent prognostiziert.[13] Auch der Umsatzanteil des E-Commerce am stationären Einzelhandel erhöhte sich deutlich von 1,3 Prozent (2005) auf 10,4 Prozent (2016).[14]

Wie in zahlreichen anderen Branchen ist auch im deutschen Einzelhandel erkennbar, dass sich die konkurrierenden Anbieter nur noch marginal voneinander unterscheiden und ihre Produkte und Sortimente häufig austauschbar sind.[15]

Vor dem Hintergrund dieser schwierigen Entwicklung in den letzten Jahren haben die Unternehmen im deutschen Einzelhandel die Investitionen in kommunikationspolitische Maßnahmen stark erhöht. Die zehn größten werbetreibenden deutschen Handelsorganisationen steigerten ihre weltweiten Werbeausgaben von 3,198 Mrd. Euro im Jahr 2013 auf 3,670 Mrd. Euro im Jahr 2014 um 15 Prozent.[16] Die Discounter im deutschen Lebensmitteleinzelhandel erhöhten ihre Werbeausgaben von 586 Mio. Euro im Jahr 2015 um 13,3 Prozent auf 664 Mio. Euro im Jahr 2016 und auch die Supermärkte steigerten ihre Werbeausgaben 11,3 Prozent auf 504 Mio. im Jahr 2016.[17]

52.194 im Jahr 2015: Vgl. Deutsches Patent- und Markenamt (2016), https://presse.dpma.de/presseservice/datenzahlenfakten/statistiken/marke/index.html, (letzter Zugriff am 01. April 2017).

[9] Vgl. Riemenschneider, M. (2005): Der Wert von Produktvielfalt, a.a.O., S. 1 ff.

[10] Vgl. Statista (2019): Dossier. Einzelhandel in Deutschland, o.O., S. 23.

[11] So weisen monatliche Frequenzmessungen durch Besucherzählungen seit dem Februar 2017 bei insgesamt 25 Messzeitpunkten lediglich 6 positive Monate gegenüber dem Vorjahr auf. Im Februar 2019 wurden beispielsweise 4,9 Prozent weniger Besucher gezählt als im gleichen Vorjahresmonat, vgl. Statista (2019): Dossier. Einzelhandel in Deutschland, o.O., S. 14.

[12] Vgl. Statista (2017): Dossier. Einzelhandel in Deutschland, o.O., S. 74.

[13] Vgl. Statista (2019): Dossier. Einzelhandel in Deutschland, o.O., S. 109.

[14] Vgl. Statista (2019): Dossier. Einzelhandel in Deutschland, o.O., S. 110.

[15] Vgl. Esch, F.-R. (2010): Strategie und Technik der Markenführung, Vahlen Verlag, S. 149.

[16] Vgl. The Nielsen Company (Germany) GmbH (2016): Deutschland 2015. Handel, Verbraucher, Werbung, o.O., S. 70.

[17] Vgl. The Nielsen Company (Germany) GmbH (2017): Nielsen Consumers Deutschland: Verbraucher-Handel-Werbung, o.O., S. 99.

Die in der Literatur häufig vorzufindende Annahme, dass die klassische Werbung dabei durch neue Ansätze wie Internet, Events, Sponsoring-Aktivitäten, Produkt Placement etc. ersetzt wird,[18] trifft auf den deutschen Einzelhandel nur teilweise zu.

So erhöhte sich der Anteil der klassischen Fernsehwerbung an den Gesamtausgaben von 41,0 Prozent im Jahr 2006 auf 46,3 Prozent im Jahr 2014, während die Anteile von Zeitungen (von 26,2 Prozent auf 16.6 Prozent im Betrachtungszeitraum) und Publikumszeitschriften (von 20,6 Prozent auf 12,5 Prozent) deutlich gesunken sind.[19] Der Anteil der Werbung im Internet beträgt im Moment bereits 11,5 Prozent der Gesamtausgaben.[20]

Aus Konsumentensicht resultiert aus dieser Angebotsvielfalt und Wahlfreiheit sowie der umfangreichen kommunikativen Maßnahmen eine starke Be- und Überlastung. Häufig wird in diesem Zusammenhang von einem „information overload" der Konsumenten gesprochen.[21] So werden Kunden in Deutschland täglich mit über 3.000 Werbebotschaften konfrontiert. Gegenwärtig werden über 50.000 Marken aktiv beworben, in einem durchschnittlichen deutschen Supermarkt finden sich 10.000 Artikel und jedes Jahr kommen 26.000 neue Produkte auf den Markt. Es können ca. 500.000.000 Webseiten besucht werden und jährlich 350.000 Printanzeigen, 2.000.000 Werbespots sowie unzählige Mailings, Plakate und Online- Banner sorgen für ein undurchschaubares Dickicht an Informationen.[22]

Das Institut für Konsum- und Verhaltensforschung hat für Deutschland eine Informationsüberlastung von 98 Prozent errechnet, d.h, dass Konsumenten nur 2 Prozent des verfügbaren Informationsangebotes beachten.[23]

Es schließt sich an dieser Stelle der Kreis zur Leitfrage, nämlich wie die Unternehmen im deutschen Einzelhandel die Erkenntnisse der Hirnforschung und damit die Möglichkeiten des Neuromarketings zur Absatzsteigerung nutzen können, indem die Eigenschaften und Vorzüge eigener Sortimente und Dienstleistungen in den Köpfen der Kunden verankert werden.

Entscheidend für eine wirksame Kommunikation ist, dass die Unternehmen einen entsprechenden Ablauf einhalten. Eine wertvolle Unterstützung dazu bieten Werbewirkungsmodelle wie beispielsweise das AIDA-Modell. Danach trennt der Empfänger in vier Phasen der Kommunikation, unterscheidet Wichtiges von Unwichtigem und entscheidet am Ende über den Kauf eines Produkts. Es beginnt bei der Aufmerksamkeit (Attention), geht über das Interesse (Interest) und das Verlangen (Desire) bis hin zur gewünschten (Kauf-)Handlung (Action). Dabei selektiert der Empfänger in jeder dieser Phasen und entscheidet, ob die Kommunikation zur nächsten Stufe übergeht. Denn nur weil er auf etwas aufmerksam wird, heißt es noch nicht, dass es ihn auch interessiert. Genauso gibt es Produkte oder Dienstleistungen, die zwar gewollt sind, aber trotzdem nie gekauft werden oder nicht leistbar sind.[24]

Über den Beginn der Nutzung von neurowissenschaftlichen Methoden im Bereich des Marketings existieren in der Literatur unterschiedliche Angaben. Taverna kommt in seiner Dissertation an der Universität St. Gallen zum Ergebnis, dass die Anfänge des Neuromarketings bereits

---

[18] Vgl. beispielsweise Esch, F.-R. (2010), Strategie und Technik der Markenführung, a.a.O., S. 27.

[19] Vgl. The Nielsen Company (Germany) GmbH (2016): Deutschland 2015, a.a.O., S. 64.

[20] Vgl. The Nielsen Company (Germany) GmbH (2016): Deutschland 2015, a.a.O., S. 64, zur Veränderung des Anteils der Internetwerbung seit 2006 sind demnach keine Erhebungsdaten verfügbar.

[21] Vgl. Esch, F.-R. (2010), Strategie und Technik der Markenführung, a.a.O., S. 27 ff.

[22] Vgl. Scheier, Ch. / Held, D., (2018): Wie Werbung wirkt. Erkenntnisse aus dem Neuromarketing. 3. Auflage, Haufe Verlag, S. 145 f..

[23] Vgl. Kroeber-Riel, W., Weinberg, P., Gröppel-Klein, A. (2009), Konsumentenverhalten, 9. Auflage, Vahlen Verlag, S. 149.

[24] Vgl. dazu sowie zu weiteren Werbewirkungsmodellen Kramer, R. (2016): Vergleichende Werbung für die Positionierung neuer Marken. Untersuchung der Werbewirkung mittels Strukturgleichungsanalyse, Dissertation der Universität der Bundeswehr, Springer Gabler Verlag, S. 81 ff..

auf das Jahr 1965 zurückgehen, als erste Studien zur Erforschung der Werbung und Markt-kommunikation veröffentlicht wurden.[25]

Für Häusel, einen der wesentlichen Autoren zu den Themen Hirnforschung und Marketing[26], war ein Schlüsselmoment das Jahr 2002, als eine wissenschaftliche Untersuchung für Schlag-zeilen in den amerikanischen Medien veröffentlicht wurde.[27]

Die Popularität dieses Forschungsansatzes tritt deutlich zutage, wenn die Einträge zum Thema Neuromarketing (in der englischsprachigen Literatur: „consumer neuroscience") in der Such-maschine Google betrachtet werden. Waren dabei beispielsweise im Jahre 2003 noch fast keine Einträge zu verzeichnen, fanden sich im Jahr 2008 bereits über 400.000 Treffer.[28] Im Jahr 2019 hat die Anzahl an Einträgen bereits knapp die Fünf-Millionen-Grenze erreicht.[29]

Nach Häusel hängt das große Interesse an Neuromarketing auch damit zusammen, dass nam-haft Hirnforscher durch ihre Bücherveröffentlichungen zum Thema die Hirnforschung einem breiteren Publikum öffnen und dadurch auch das öffentliche Interesse steigt.[30]

1. Grundlagen

1.1. Definitionen und Abgrenzung

1.1.1. Neurowissenschaft

Die Neurowissenschaft beruht auf der wissenschaftlichen Hirnforschung. Diese begann im wei-testen Sinne bereits im antiken Griechenland, erfuhr aber erst ab den 60er Jahren einer grö-ßeren Bekanntheit. *„Den größten Schub erfuhr die Hirnforschung jedoch erst in den 60er und 70er Jahren des 20. Jahrhunderts mit der Etablierung der kognitiven Psychologie und der Ent-wicklung von Verfahren zur Darstellung des Gehirns und seiner Aktivität"*[31].

Neben der stark medizinisch geprägten Hirnforschung etablierten sich im Laufe der Zeit die sogenannten Neurowissenschaften (in der englischsprachigen Literatur: „neurosciences"). Diese komplexe Wissenschaftsdisziplin untersucht Struktur und Funktion von Nervensystemen

---

[25] Vgl. Taverna, N. (2013): Die Erforschung des Konsumentenverhaltens mittels neurowissenschaftlicher Metho-den – Eine Analyse der Möglichkeiten und Limitationen des Neuromarketing als innovativer Ansatz, Disserta-tion der Universität St. Gallen, S. 27 ff..

[26] Vgl. Häusel, H.-G.(2014): Einführung, in: Häusel, H.-G. (Hrsg.), Neuromarketing: Erkenntnisse der Hirnfor-schung für Markenführung, Werbung und Verkauf, Haufe Verlag, 3. Auflage, ders. (2014): Think Limbic! Die Macht des Unbewussten nutzen für Management und Verkauf, Haufe Verlag, 5. Auflage, ders. (2012): Emoti-onal Boosting. Die hohe Kunst der Kaufverführung, Haufe Verlag, 2. Auflage, ders. (2016): Brain View. Warum Kunden kaufen, Haufe Verlag 4. Auflage, ders. (2016): Kauf mich! Wie wir zum Kaufen verführt werden, Haufe Verlag.

[27] Vgl. Häusel, H.-G. (2014), Neuromarketing, a.a.O., S. 11.

[28] Vgl. Kenning, P. (2008): Neuromarketing: Vom Hype zur Realität – eine Standortbestimmung aus der Per-spektive der Marketingwissenschaft, in: Häusel, H.-G. (Hrsg.), Neuromarketing: Erkenntnisse der Hirnfor-schung für Markenführung, Werbung und Verkauf, Haufe Verlag, 2. Auflage, S. 17-31, hier S. 19.

[29] Vgl. Google (2019), https://www.google.de/search?q=neuromarke-ting&rlz=1C1CHBF_deDE832DE832&oq=neuromarke-ting&aqs=chrome..69i57j69i60l3j69i59l2.3650j0j7&sourceid=chrome&ie=UTF-8, (letzter Zugriff am 21. März 2019).

[30] Vgl. Häusel, H.-G.(2014), Neuromarketing, a.a.O., S. 13.

[31] Taverna, N. (2013): Die Erforschung des Konsumentenverhaltens mittels neurowissenschaftlicher Methoden, a.a.O., S. 10.

und versucht, diese zusammen zu fassen und zu interpretieren. Dabei sollen Antworten gefunden werden auf Fragen, wie Entscheidungsprozesse zustande kommen und wie die Erinnerungsleistung erhöht werden kann. Aus der Erkenntnis von Struktur und Funktion des menschlichen Gehirns sollen Schlüsse auf die Mechanismen von Wahrnehmung, Gedächtnis, Denken und Sprache gezogen werden.[32] Häusel ordnet den Bereich der Neurowissenschaften stärker der Theorie zu und dem Aufzeigen von grundsätzlichen Abläufen im Gehirn. *„Consumer Neuroscience" ist das, was an Hochschulen geforscht wird. Hier kommt es weniger auf die praktische Anwendung an, hier geht es mehr darum, die grundsätzlichen Abläufe im Gehirn bei Kauf- und Konsumentscheidungen besser zu verstehen"*[33].

Vereinfacht dargestellt versucht die Neurowissenschaft durch neue wissenschaftliche Verfahren die Arbeitsweise des menschlichen Gehirns zu erforschen und zu entschlüsseln.[34]

1.1.2. Neuroökonomie

„Unter dem Sammelbegriff der Neuroökonomie (in der englischsprachigen Literatur: „neuroeconomics") werden vorwiegend Ansätze diskutiert, die neurowissenschaftliche Methoden und Erkenntnisse für wirtschaftswissenschaftliche Forschungszwecke nutzen"[35]. Es sollen also die beiden Wissenschaftsfelder der Ökonomie und der Neurowissenschaft in Beziehung gesetzt werden. Neuroökonomen verbinden mit den Möglichkeiten der Neurowissenschaften die Hoffnung, theoretische Konstrukte empirisch fundieren und damit die Wirtschaftswissenschaften weiterentwickeln zu können.

Nach Nufer/Sauer ergibt sich die Neuroökonomie aus der Kombination von Ökonomie und Neurowissenschaft. Das menschliche Verhalten in Entscheidungssituationen soll dabei mit Unterstützung der Neurowissenschaften beschrieben und erklärt werden.[36]

Häusel sieht die Neuroökonomie als großen Bereich, innerhalb dessen ökonomische Entscheidungen mit neurowissenschaftlichen Methoden untersucht und Marketingentscheidungen abgeleitet werden können.[37]

1.1.3. Neuromarketing

Hinsichtlich der Definition von Neuromarketing kann zwischen einer engeren und einer erweiterten Definition unterschieden werden.[38] Die engere Definition bezeichnet Neuromarketing als *"...Einsatz von apparativen Verfahren der Hirnforschung zu Marktforschungszwecken..."*[39]. In der erweiterten Definition wird Neuromarketing umfassender gesehen, nämlich als *„...die Nutzung der vielfältigen Erkenntnisse der Hirnforschung für das Marketing..."*[40]. Der Einsatz von Hirnforschungsapparaten zu Marktforschungszwecken scheint zwar auch hier wichtig. *„Von*

---

[32] Vgl. Taverna, N. (2013): Die Erforschung des Konsumentenverhaltens mittels neurowissenschaftlicher Methoden, a.a.O., S. 10 f..

[33] Vgl. Häusel, H.-G. (2014): Neuromarketing, a.a.O., S. 14.

[34] Einen ersten Überblick bieten Nufer/Sauer,vgl. Nufer, G., Sauer, C. (2015): Neuromarketing im Handel, in: Rennhak, C., Nufer, G. (Hrsg.), Reutlinger Diskussionsbeiträge zu Marketing & Management, Reutlingen 2015, S. 2.

[35] Taverna, N. (2013): Die Erforschung des Konsumentenverhaltens mittels neurowissenschaftlicher Methoden, a.a.O., S. 12.

[36] Vgl. Nufer, G., Sauer, C. (2015): Neuromarketing im Handel, a.a.O., S. 2.

[37] Vgl. Häusel, H.-G. (2014): Neuromarketing, a.a.O., S. 14.

[38] Vgl. Nufer, G., Sauer, C. (2015): Neuromarketing im Handel, a.a.O., S. 3.

[39] Häusel, H.-G. (2014): Neuromarketing, a.a.O., S. 15.

[40] Häusel, H.-G. (2014): Neuromarketing, a.a.O., S. 15.

wesentlich größerer Bedeutung für diesen Blickwinkel ist jedoch, dass er die Erkenntnisse der aktuellen Hirnforschung in die Marketingtheorie und Marketingpraxis zu integrieren versucht"[41].

Abbildung 2: Einordnung des Neuromarketing

Quelle: Häusel (2014): Neuromarketing, a.a.O., S. 14.

Taverna schließt sich dieser Definition weitgehend an. *„Das Neuromarketing ist ein Teilgebiet der Neuroökonomie und bezeichnet eine ebenfalls sehr junge, interdisziplinäre Forschungsrichtung, welche mittels Anwendung neurowissenschaftlicher Methoden versucht, das menschliche Verhalten in Bezug auf Austauschbeziehungen in Märkten zu analysieren und besser zu verstehen"*[42]. Auch hier wird deutlich, dass das Verhalten der Konsumenten auf marketingrelevante Fragestellungen untersucht und Entscheidungen daraus abgeleitet werden sollen.

Mit einem besseren Verständnis der Konsumentenreaktion auf Marketing-Stimuli ist die Hoffnung auf eine zielgerichtete Beeinflussung der Konsumenten verbunden. Beispielsweise können unter dem Einsatz sogenannter bildgebender Verfahren[43] die Reaktionen der Konsumenten auf Stimuli wie Produktfotos, Markennamen, Logos, Preisstellungen, Wörter oder Abbildungen von Personen beobachtet werden. Neuromarketing besitzt danach einen stark anwendungsorientierten Charakter.[44]

Erkenntnisse der Hirnforschung können in den Bereichen der Bewusstseins- und Emotionsforschung sowie der Persönlichkeits-, Geschlechts- und Altersforschung verzeichnet werden. Auch in den Bereichen der Sprachverarbeitung und den Verarbeitungsprozessen im Gehirn sind große Fortschritte zu konstatieren.[45]

---

[41] Häusel, H.-G. (2014): Neuromarketing, a.a.O., S. 15.
[42] Taverna, N. (2013): Die Erforschung des Konsumentenverhaltens mittels neurowissenschaftlicher Methoden, a.a.O., S. 13.
[43] Die Untersuchungsmethoden in den Neurowissenschaften haben sich in den letzten Jahren enorm weiterentwickelt. Es handelt sich dabei überwiegend um apparative Verfahren. Zu unterscheiden sind im weitesten Sinne Nicht-bildgebende Verfahren und Bildgebende Verfahren, vgl. im Detail zu den Methoden der Messung von Hirnaktivität, Taverna, N. (2013): Die Erforschung des Konsumentenverhaltens mittels neurowissenschaftlicher Methoden, a.a.O., S. 18-24.
[44] Vgl. Taverna, N. (2013): Die Erforschung des Konsumentenverhaltens mittels neurowissenschaftlicher Methoden, a.a.O., S. 14.
[45] Vgl. Häusel, H.-G. (2014): Neuromarketing, a.a.O., S. 15-17.

7

1.2. Methoden zur Messung von Hirnaktivität

1.2.1. Aufbau des menschlichen Gehirns

In diesem Abschnitt soll zunächst ein kurzer Überblick gegeben werden über diejenigen Hirnbereiche, die besonders an Kaufentscheidungen beteiligt sind. Dabei ist zuerst das Großhirn (Neokortex) zu nennen. Dieses wird in vier Hauptlappen unterteilt: Frontallappen, Parietallappen, Occipitallappen und Temporallappen.[46] Abbildung 3 zeigt den Neokortex im Überblick.

Abbildung 3: Das Großhirn (Neokortex)

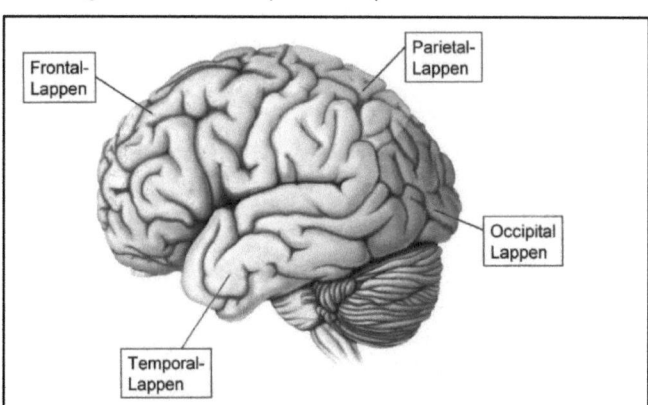

Quelle: Häusel (2014): Neuromarketing, a.a.O., S. 245.

Darüber hinaus zu unterscheiden sind die rechte und linke Gehirnhälfte. In der linken Gehirnhälfte sind Regeln gespeichert. Sie steht für Optimismus. In der rechten Gehirnhälfte werden Bilder verarbeitet. Sie steht für Pessimismus.[47]

Die einzelnen Hirnbereiche des Neokortex sind für das Neuromarketing von großer Bedeutung (vgl. Abbildung 4):[48]

---

[46] Vgl. Häusel, H.-G. (2014): Neuromarketing, a.a.O., S. 245 ff..
[47] Vgl. Häusel, H.-G. (2014): Neuromarketing, a.a.O., S. 245 f..
[48] Vgl. Häusel, H.-G. (2014): Neuromarketing, a.a.O., S. 246 f..

Abbildung 4: Wichtige Funktionsareale im Neokortex

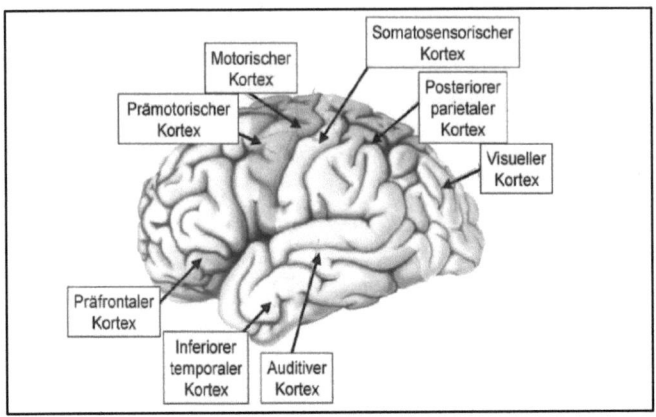

Quelle: Häusel (2014) a.a.O., S. 246.

Im prämotorischen Kortex werden dabei Entscheidungen in konkrete motorische Handlungen umgesetzt. [49] Im motorischen Kortex werden Bewegungen koordiniert und umgesetzt, während im somatosentorischen Kortex Tastsinn und Empfindungen zusammenlaufen. Der posterior-parietale Kortex koordiniert den Raum-Zeit-Bezug des Körpers und der Gliedmaßen (Das „Wo-ist-etwas-System" des Gehirns). Der visuelle Kortex trägt die Verantwortung für die visuelle Wahrnehmung, während der auditive Kortex für auditive Wahrnehmung zuständig ist. Der in-ferotemporale Kortex setzt komplexe Sinneseindrücke zu einem ganzheitlichen Bild zusammen und erkennt Objekte unter verschiedenen Beleuchtungen und Perspektiven (Das „Was-ist-et-was-System" des Gehirns). Der präfrontale Kortex ist die Verbindung zwischen emotionalem Wollen und konkreter Handlung. Er ist vergleichbar mit einem Rechenzentrum, das Konsumen-ten dabei hilft, ihre Wünsche optimal mit ihren Möglichkeiten in Einklang zu bringen. [50] Der präf-rontale Kortex ist ein sehr wichtiger Bereich bei der Kaufentscheidung. Er besteht aus zwei großen Funktionseinheiten: einer stark emotionalen Einheit (vgl. Anlage 1) und einer funktional-kognitiven Einheit (vgl. Anlage 2). Die emotionale Einheit wird dem Limbischen System zuge-rechnet. [51]

Das Limbische System ist ein Ausdruck für die Gehirnstrukturen, die im Wesentlichen mit der Verarbeitung von Emotionen beschäftigt sind. [52] Es entstehen darin die Kaufwünsche von Kon-sumenten. Nach Häusel ist das Limbische System „...die eigentliche Macht und Entschei-dungszentrale in unserem Kopf"[63]. Abbildung 5 zeigt die wichtigsten Elemente des Limbischen Systems im Überblick:

---

[49] Vgl. hierzu und zum Folgenden Häusel, H.-G. (2014): Neuromarketing, a.a.O., S. 246 f..
[50] Vgl. Häusel, H.-G. (2014): Neuromarketing, a.a.O., S. 249.
[51] Vgl. Häusel, H.-G. (2014): Neuromarketing, a.a.O., S. 249.
[52] Vgl. Häusel, H,-G. (2016): Brain View, Haufe Verlag, S. 92 f..
[53] Häusel, H.-G. (2014): Think Limbic!, a.a.O., S. 50 ff..

Abbildung 5: Das Limbische System

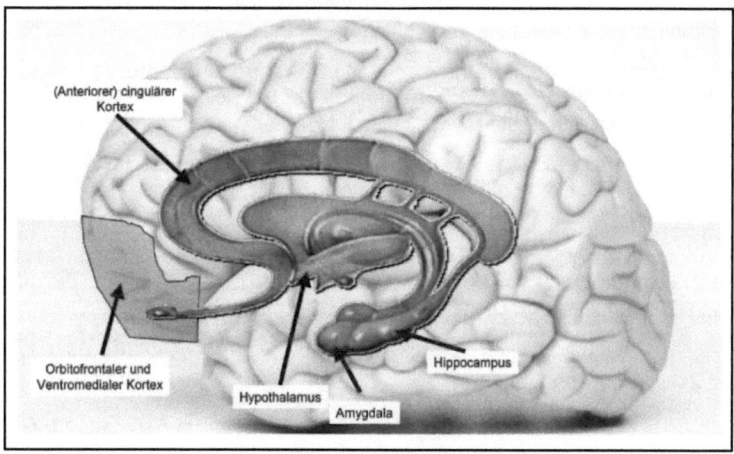

Quelle: Häusel, H.-G. (2014): Think Limbic!, a.a.O., S. 50.

Die Amygdala (Mandelkern) ist dabei maßgeblich an der emotionalen Bewertung von Objekten beteiligt. Sie wird als „graue Eminenz"[54] im menschlichen Gehirn bezeichnet. Im Hypothalamus werden Bewertungen der Amygdala in körperliche Reaktionen umgesetzt, in dem Hormone ausgeschüttet werden (Hunger, Schlaf, Durst, Sex). Der Hypothalamus wird als „Feldwebel"[55] im Limbischen System bezeichnet. Der Hippocampus ist das Zentrum des autobiographischen und episodischen Gedächtnisses.[56]

1.2.2. Diagnostische Verfahren der Hirnforschung

Im Rahmen der diagnostischen Verfahren der Gehirnforschung kann in nicht-bildgebende Verfahren und bildgebende Verfahren unterschieden werden.[57] „Für das Neuromarketing sind nur die bildgebenden Verfahren der Hirnforschung interessant"[58].

Die beiden wichtigsten bildgebenden Verfahren sind die funktionelle Magnetresonanztomographie (fMRT, in der englischsprachigen Literatur: „functional magnetic resonance imaging" (fMRI)) sowie das Magnetoenzephalogramm (MEG).[59]

Häusel bezeichnet die funktionelle Magnetresonanztomographie als Hirnscanner und „...das klassische Verfahren des Neuromarketings"[60]. Mit fMRT ist es möglich, aktivierte Gehirnstrukturen bildlich darzustellen. Dies gelingt mithilfe der Messung von Stoffwechselaktivitäten im Gehirn, bei der der Sauerstoffgehalt im Blut analysiert wird. Aktive Gehirnregionen brauchen

---

[54] Häusel, H.-G. (2014): Neuromarketing, a.a.O., S. 251.
[55] Häusel, H.-G. (2014): Neuromarketing, a.a.O., S. 252.
[56] Vgl. Häusel, H.-G. (2014): Neuromarketing, a.a.O., S. 251 ff..
[57] Vgl. die ausführliche Darstellung bei Taverna, N. (2013): Die Erforschung des Konsumentenverhaltens mittels neurowissenschaftlicher Methoden, a.a.O., S.18-24.
[58] Häusel, H.-G. (2014): Neuromarketing, a.a.O., S. 231.
[59] Vgl. Taverna, N. (2013): Die Erforschung des Konsumentenverhaltens mittels neurowissenschaftlicher Methoden, a.a.O., S.20 ff., vgl. auch Häusel, Hans-Georg (2014): Neuromarketing, a.a.O., S. 231.
[60] Häusel, H.-G. (2014): Neuromarketing, a.a.O., S. 233.

dabei mehr Sauerstoff als inaktive. Die aktiven Gehirnbereiche leuchten anschließend bei der Bildgebung farbig auf. So kann herausgefunden werden, welche Gehirnregionen, z.B. während des Betrachtens eines Werbespots, aktiv sind (vgl. Anlage 3).

Bei den Auswertungen von fMRT-Untersuchungen sind große individuelle Unterschiede festzustellen. So wird das Hirn eines jungen Mannes das Bild einer nackten Frau völlig anders verarbeiten als das Hirn einer älteren Frau dies tut.[61]

Neben Geschlecht und Persönlichkeit spielt auch das Alter eine große Rolle. So führt beispielsweise eine identische Denkaufgabe zu völlig unterschiedlichen Aktivierungen bei einem jüngeren und einem älteren Mann (vgl. Anlage 4).

Bei der Magnetoenzephalografie (MEG) werden die magnetischen Aktivitäten des Gehirns gemessen. Dabei werden Sensoren am Kopf des Probanden befestigt, welche die magnetischen Signale des Hirns aufzeichnen. Diese Signale entstehen durch elektrische Ströme, die bei der Aktivität von Nervenzellen entstehen. Der große Vorteil des MEGs ist die Möglichkeit, die Gehirnaktivitäten nahezu in Echtzeit darzustellen. Außerdem ist dieses Verfahren weniger kostenintensiv als die fMRT (vgl. Anlage 5).[62]

Es bleibt an dieser Stelle festzuhalten, dass sich die Literatur im Falle des MEG-Verfahrens offensichtlich nicht einig ist darüber, ob das Verfahren nun bildgebend oder nicht-bildgebend ist. So bezeichnet Taverna das MEG-Verfahren als nicht-bildgebend, da das Verfahren die gemessenen Hirnaktivitäten nicht als eigentliches Bild, sondern in Form von Kurven bzw. Wellen darstellt.[63]

2. Neuromarketing und menschliches Entscheidungsverhalten

2.1. Emotionen und Motive

Durch die Erkenntnisse der Hirnforschung haben Emotionen sowie das Unbewusste in den letzten Jahren deutlich an Aktualität gewonnen.[64] Dabei sind beide Parameter nicht neu, sondern haben in den Disziplinen der Psychologie und der Philosophie eine lange Tradition.[65] So erhielt Schopenhauers bereits im Jahr 1819 getätigte Aussage „Ein Mensch kann zwar tun was er will, aber nicht wollen was er will"[66] durch die Hirnforschung eine zunehmende empirische Bestätigung.

In der Marketinglehre wurde die Bedeutung von Emotionen für das menschliche Entscheidungsverhalten lange vernachlässigt. Als Gründe dafür wird in der Literatur eine geringe Konsistenz hinsichtlich der Definition von Emotionen über verschiedene Wissenschaftsdisziplinen hinweg genannt. Darüber hinaus wird ein Messbarkeitsproblem angeführt.[67]

---

[61] Vgl. Häusel, H.-G. (2014): Neuromarketing, a.a.O., S. 239.

[62] Vgl. Häusel, H.-G. (2014): Neuromarketing, a.a.O., S. 241 f..

[63] Vgl. Taverna, N. (2013): Die Erforschung des Konsumentenverhaltens mittels neurowissenschaftlicher Methoden, a.a.O., S. 19.

[64] Vgl. Häusel, H.-G. (2011): Die wissenschaftliche Fundierung des Limbic® Ansatzes, Gruppe Nymphenburg, München, S. 7 f..

[65] Zu einem Überblick vgl. Nufer/Sauer Neuromarketing im Handel, a.a.O., S. 6-10.

[66] Schopenhauer, A.: zitiert nach: Häusel, H.-G. (2011): Die wissenschaftliche Fundierung des Limbic® Ansatzes, Gruppe Nymphenburg, München, S. 7 f..

[67] Vgl. Taverna, N. (2013): Die Erforschung des Konsumentenverhaltens mittels neurowissenschaftlicher Methoden, a.a.O., S. 89 ff..

Emotionen sind mit die wichtigsten Einflussfaktoren auf das menschliche Verhalten sowie die Entscheidungen von Konsumenten und damit auch auf die Wahl der Einkaufsstätte. Häusel schätzt, dass der größte Teil aller Kaufentscheidungen unbewusst getroffen wird. *„Über 70-80 % der Entscheidungen fallen unbewusst. Zwar haben wir, wenn wir eine Kaufentscheidung treffen, das Erlebnis, bewusst selbst zu entscheiden. Aber dieses Erlebnis ist, wie die Hirnforschung sagt, eine „Benutzer-Illusion"*[68].

Die Frage, ob Emotionen das Gegenteil von Rationalität sei, wird in der Literatur verneint. *„Emotionen werden zunehmend als „rational" betrachtet, weil sie untrennbar mit unserer Kognition, unserem Handeln und unserer Existenzsicherung verbunden sind"*[69].

Biologisch haben Emotionen grundsätzlich das Ziel, das Überleben sowie die Fortpflanzung sicher zu stellen. Dazu sollten sechs wesentliche Aufgaben erfüllt werden.[70]

Emotionen weisen bestimmte Merkmale auf: Sie äußern sich oft als Gefühl (z.B. Wut oder Freude), sie werden meist durch einen bestimmten Gesichtsausdruck begleitet und sie lösen kognitive und motorische Reaktionen im Körper aus (z.B. Flucht). Darüber hinaus können Emotionen unterschiedliche Intensitäten haben.[71] Die Wissenschaft geht davon aus, dass Emotionen im limbischen System verarbeitet werden (vgl. 1.2.1).

Neben den bereits genannten Emotionssystemen der Grundbedürfnisse wie Nahrung, Schlaf und Atmung haben sich im Laufe der Evolution zusätzliche universelle Emotionssysteme entwickelt. Die wichtigsten sind die Sexualität, die Bindung mit dem Ziel der sozialen Sicherheit sowie die Fürsorge mit dem Ziel der Fortpflanzung und der sozialen Sicherheit.[72]

Häusel nennt drei weitere wesentliche Emotionssysteme; das Balance-System, das Dominanz-System sowie das Stimulanz-System. Das Balance-System steht dabei für Sicherheit und Stabilität, während im Stimulanz-System Exploration und Entdeckung verfolgt werden. Das Dominanz-System spiegelt Status, Macht und Konkurrenzverdrängung wider (vgl. Anlage 6).[73]

Jedes der genannten Emotionssysteme hat dabei zwei Seiten, ein positives sogenanntes Belohnungssystem und ein negatives Bestrafungssystem (vgl. Anlage 7). *„Damit wir auf dem richtigen Weg bleiben brauchen wir Hinweise, was richtig oder falsch ist, bzw. auf „mehr davon" oder „Pfoten weg". Aus diesem Grund hat jedes Emotionssystem eine positive lustvolle und eine negative schmerzliche oder Abscheu auslösende Seite"*[74].

2.1.1. Emotions- und Werteraum im menschlichen Gehirn

Zwischen den drei Emotionssystemen besteht eine besondere Dynamik und sie stehen in einem größeren Systemzusammenhang.[75] *„Während das Dominanz- und Stimulanz-System die*

---

[68] Häusel, H.-G. (2011): Die wissenschaftliche Fundierung des Limbic® Ansatzes, a.a.O., S. 9.

[69] Häusel, H.-G. (2011): Die wissenschaftliche Fundierung des Limbic® Ansatzes, a.a.O., S. 23. Der Autor zeigt dazu ein sehr einleuchtendes Beispiel auf: Wenn ein Konsument einkaufen gehen möchte, jedoch im Radio eine Orkan-Warnung hört und zu Hause bleibt, weil er Angst vor umstürzenden Bäumen hat (Emotion), handelt er rational. Er handelt dagegen irrational, wenn er nie mehr sein Haus verlässt um einzukaufen, weil er sich von umstürzenden Bäumen fürchtet (Emotion).

[70] Im Einzelnen werden hier regulierende und kontrollierende Aufgaben, präparierende Aufgaben, soziale Aufgaben, kognitive Aufgaben, adaptive Aufgaben und aktivierende Aufgaben genannt. Vgl. Häusel, H.-G. (2011): Die wissenschaftliche Fundierung des Limbic® Ansatzes, a.a.O., S. 15 f..

[71] Vgl. Häusel, H.-G. (2011): Die wissenschaftliche Fundierung des Limbic® Ansatzes, a.a.O., S. 16 f..

[72] Vgl. Häusel, H.-G. (2014): Neuromarketing, a.a.O., S. 58 f..

[73] Vgl. Häusel, H.-G. (2014): Think Limbic!, a.a.O., S. 65-102.

[74] Häusel, H.-G. (2014): Neuromarketing, a.a.O., S. 60.

[75] Zu einem Überblick über die Limbic Map sowie die Limbic Types und Codes vgl. Nufer/Sauer Neuromarketing im Handel, a.a.O., S. 7-10, zur Limbic Map vergleiche auch Häusel, H.-G. (2016): Brain View, a.a.O., S. 53 ff..

expansiven und risikoorientierten Systeme im Gehirn sind ist das Balance-System das Risiko vermeidende Gegenprogramm...[76]". Vor diesem Hintergrund lassen sich viele Entscheidungs-konflikte auf diese Spannungen zurückführen.

Darüber hinaus sind die drei Emotionssysteme meistens simultan aktiv und es gibt verschie-dene Mischsysteme. Dabei bleibt festzuhalten, dass darin auch die für das Marketing wichtigen Werte eine zentrale Rolle spielen, da diese stets emotional sind. Die unterschiedlichen Werte können den verschiedenen Emotionssystemen zugeordnet werden.[77]

Der gesamte Zusammenhang der unterschiedlichen Systeme und Werte wird in der sogenann-ten Limbic Map graphisch dargestellt (vgl. Abbildung 6).

Abbildung 6: Der Emotions- und Werteraum im menschlichen Gehirn (Limbic-Map)

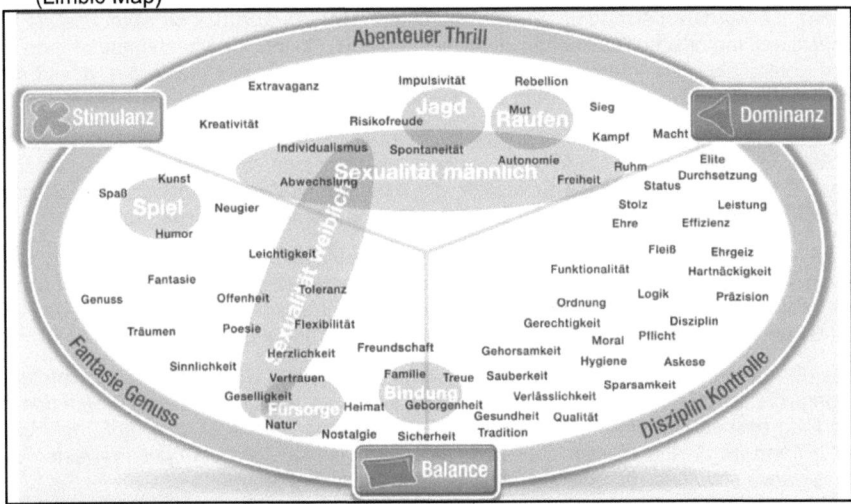

Quelle: Vgl. Häusel, H.-G. (2016): Brain View, a.a.O., S. 54.

Aus der Sicht des Limbic-Ansatzes sind die genannten Emotionssysteme die zentralen Treiber im menschlichen Gehirn. Es entwickeln sich daraus unterschiedliche Motive, bestimmte Pro-dukte oder in bestimmten Einzelhandelsunternehmen einzukaufen. „Motive sind die Wünsche und Erwartungen, die aus den Emotionssystemen heraus an ein Produkt, eine Situation oder an einen Mitmenschen gestellt werden. Die mentalen Repräsentationen der erwarteten Endzu-stände, die sich aus den Motiven ableiten, sind dann die Ziele. In diesen mentalen Repräsen-tationen sind meist auch die Handlungspläne zur Zielerreichung integriert"[78].

Die Frage, welche Motive Menschen und damit Konsumenten haben, wurde bereits in den fünfziger Jahren vom amerikanischen Psychologen Abraham H. Maslow beantwortet, der seine

---

[76] Häusel, H.-G. (2011): Die wissenschaftliche Fundierung des Limbic Ansatzes, a.a.O., S. 44.
[77] Häusel, H.-G. (2014): Neuromarketing, a.a.O., S. 61.
[78] Häusel, H.-G. (2011): Die wissenschaftliche Fundierung des Limbic® Ansatzes, a.a.O., S. 49.

Forschungsergebnisse in der vielzitierten „Maslow-Pyramide" darstellte.[79] In der Literatur zur Hirnforschung werden heute durchaus Stimmen laut, welche die von Maslow genannten Theorien deutlich in Frage stellen. *„ Alle diese Motive gibt es nicht, die wirklichen Motive sind die Emotionssysteme mit ihren verschiedenen Ebenen.... Aus all diesen Gründen ist es Zeit, sich von Maslows Pyramide zu verabschieden und ihr einen Ehrenplatz im Psychologie-Museum zu gewähren"*[80].

Nicht alle Menschen haben die gleichen Motive. Die Voraussetzungen dafür liegen in den jeweiligen limbischen Profilen. *„Im Kern aller Persönlichkeitstheorien stehen...die Persönlichkeitsdimensionen, die auf die Emotionssysteme im Gehirn zurückgehen"*[81]. Die dabei möglichen Ausprägungen sollen im Folgenden näher betrachtet werden.

2.1.2. Unterschiedliche Persönlichkeitsdimensionen

Wie angesprochen sind die Kaufpräferenzen von Konsumenten unterschiedlich. Die Unterschiede können dabei auf unterschiedlichen Stimmungen, der jeweiligen Lebenssituation, den Lebenserfahrungen sowie dem sozialen und kulturellen Umfeld von Konsumenten beruhen. Darüber hinaus spielt die emotionale Persönlichkeitsstruktur eine wesentliche Rolle.[82]

Die unterschiedlichen Persönlichkeitsdimensionen können ebenfalls aus dem Limbic-Ansatz abgeleitet werden.[83] Der Grund für die ersichtlichen differenten Persönlichkeitsstrukturen von Menschen findet sich in den verschiedenen Ausprägungen der drei Hauptsysteme Dominanz, Balance und Stimulanz und deren Submodule.[84] Dabei können sieben wesentliche Typen unterschieden werden (vgl. Anlage 8):[85]

Dem „Harmonisierer"[86] wird dabei eine hohe Sozial- und Familienorientierung, geringere Aufstiegs- und Statusorientierung sowie der Wunsch nach Geborgenheit attestiert. Das Segment des „Offenen" steht für Neues, Wohlfühlen, Toleranz und sanften Genuss, während der „Hedonist" aktiv auf der Suche nach Neuem ist, ein Höchstmaß an Individualismus anstrebt und eine hohe Spontaneität aufweist. Der „Abenteurer" ist durch eine hohe Risikobereitschaft und eine geringe Impulskontrolle gekennzeichnet, während den „Performer" eine hohe Leistungsorientierung, Ehrgeiz sowie eine hohe Statusorientierung auszeichnen. Der „Disziplinierte" wiederum zeigt ein hohes Pflichtbewusstsein, geringe Konsumlust und eine Liebe zum Detail. Das siebte und letzte Segment stellt den „Traditionalisten" dar. Diese Gruppe ist gekennzeichnet durch eine geringe Zukunftsorientierung sowie dem Wunsch nach Ordnung und Sicherheit.[87] Die emotionale Persönlichkeitsstruktur wird dabei von den zwei wesentlichen biologischen Faktoren Alter und Geschlecht signifikant beeinflusst (vgl. Anlage 9).[88] Mit Hilfe dieser Erkenntnisse

---

[79] Maslow gehörte zu den wichtigsten Vertretern der humanistischen Psychologie. Seine Motivationstheorie, die das menschliche Handeln aus gestuften Bedürfnissen heraus erklärt, geht von einem ganzheitlichen positiven Menschenbild aus. Der letzten Stufe liegt eine geistige Zielsetzung zu Grunde, die erst die befriedigende Selbstverwirklichung erst ermöglicht. Vgl. Maslow, A. (2001): Motivation und Persönlichkeit, Rowohlt Verlag, 14. Auflage.

[80] Häusel, H.-G. (2014): Neuromarketing, a.a.O., S. 141.

[81] Häusel, H.-G. (2011): Die wissenschaftliche Fundierung des Limbic® Ansatzes, a.a.O., S. 52.

[82] Vgl. Häusel, H.-G. (2014): Neuromarketing, a.a.O., S. 62.

[83] Vgl. Häusel, H.-G. (2011): Die wissenschaftliche Fundierung des Limbic® Ansatzes, a.a.O., S. 50.

[84] Vgl. Häusel, H.-G. (2011): Die wissenschaftliche Fundierung des Limbic® Ansatzes, a.a.O., S. 53.

[85] Vgl. Häusel, H.-G. (2011): Die wissenschaftliche Fundierung des Limbic® Ansatzes, a.a.O., S. 58, eine ausführliche Darstellung zu den Limbic Types findet sich auch bei Häusel (2016), vgl. Häusel, H,-G. (2016): Brain View, a.a.O., S. 111-132.

[86] Aus Vereinfachungsgründen wird an dieser Stelle auf eine Unterscheidung in Maskulinum und Femininum verzichtet.

[87] Vgl. Häusel, H.-G. (2011): Die wissenschaftliche Fundierung des Limbic® Ansatzes, a.a.O., S. 58 ff..

[88] Vgl. Häusel, H.-G. (2011): Die wissenschaftliche Fundierung des Limbic® Ansatzes, a.a.O., S. 64 ff..

ist es möglich, neuropsychologische Zielgruppenanalysen durchzuführen und diese in die Marketingpraxis zu überführen.[89]

2.2. Konsumverhalten und Codes

Das Kaufverhalten von Konsumenten wird stark von Emotionen und Motiven beeinflusst. *„Wir konsumieren, um unsere Motive zu regulieren. Produkte und Marken, die unsere Motive und Bedürfnislagen bedienen, lösen neuronale Belohnungsreaktionen aus"*[90].

Dabei sind zwei grundsätzliche Tendenzen erkennbar: Das „Haben-Wollen" (Motive, Limbisches System) sowie die Prüfung eines bestimmten Preisniveaus. Ist das „Haben-Wollen" stark genug, werden von den Konsumenten auch höhere Preise akzeptiert. Die Positionierung von Marken kann dabei auf die bereits beschriebenen grundlegenden Motivklassen Balance (Geborgenheit, Fürsorge, Zusammensein, Tradition), Stimulanz (Abwechslung, Neugier, Spieltrieb) und Dominanz (Abgrenzung, Macht, Kontrolle, Leistung) zurückgeführt werden. Die Implementierung erfolgt über Codes. Scheier/Held sprechen in diesem Zusammenhang von einem „Brandcode Management", welches der Steuerung von Marken und Markenkommunikation dient. Basis dafür ist die neuropsychologische Sichtweise, dass verschiedene Marken in neuronalen Netzwerken gespeichert und dynamisch sind, d.h. das Markennetzwerk und die damit verbundene Bedeutung kann durch neue Verknüpfungen verändert und damit gesteuert werden.[91]

Im Wesentlichen geht es dabei um vier verschiedene Codes: Sprache, Geschichte, Symbole und Sensorik.[92]

Als sprachlicher Code wird sowohl das geschriebene als auch das gesprochene Wort verstanden.[93] Im Allgemeinen ist Sprache explizit, kann jedoch auch implizite Bedeutungen aufweisen. So aktiviert beispielsweise ein Wort mit Ausrufezeichen stärker als das identische Wort ohne Ausrufezeichen seine Bedeutung. Scheier/Held nennen darüber hinaus weitere typische Beispiele für sprachliche Codes wie Schlagworte, z.B. Rabatt, Slogans in einem Fernsehspot, Dialoge in einem Radiospot oder aber auch den Wortklang oder Satzbau.[94]

Geschichten sind für das menschliche Gehirn ebenso von besonderer Bedeutung, da Konsumenten keine Bilder oder Vorgänge abspeichern, sondern Strukturen, die oft zusammen auftreten, sogenannte Muster. *„Wir Menschen sind Erfolgsmodelle der Evolution, weil wir über ein Gedächtnis verfügen, das Musterfolgen speichert, Muster autoassoziativ abruft, Muster als unveränderbare Repräsentationen speichert und Muster hierarchisch ordnet"*[95]. Diese Muster

---

[89] Vgl. Häusel, H.-G. (2014): Neuromarketing, a.a.O., S. 64 ff..

[90] Scheier, Ch./ Held, D. (2014): Die Neuro-Logik erfolgreicher Markenkommunikation, in: Häusel, Hans-Georg (Hrsg.): Neuromarketing – Erkenntnisse der Hirnforschung für Markenführung, Werbung und Verkauf, 3.Aufl., Haufe Verlag, S. 77-114, hier S. 102.

[91] Vgl. Scheier, Ch., Held, D. (2014): Die Neuro-Logik erfolgreicher Markenkommunikation, a.a.O., S. 120 f..

[92] Vgl. Scheier, Ch., Held, D. (2014): Die Neuro-Logik erfolgreicher Markenkommunikation, a.a.O., S. 121 ff.. Zu einem Überblick zu den unterschiedlichen Codes vgl. auch Nufer/Sauer, Neuromarketing im Handel, a.a.O. S. 10-12, vgl. Scheier, Ch., Held, D. (2018) Wie Werbung wirkt. Erkenntnisse aus dem Neuromarketing, 3. Auflage, Haufe Verlag, S. 71-96.

[93] Vgl. Scheier, Ch., Held, D. (2014): Die Neuro-Logik erfolgreicher Markenkommunikation, a.a.O., S. 123, Scheier, Ch., Held, D. (2018): Wie Werbung wirkt, a.a.O., S. 73 f..

[94] Vgl. Scheier, Ch., Held, D. (2018): Wie Werbung wirkt – Erkenntnisse aus dem Neuromarketing, a.a.O., S. 73 f..

[95] Fuchs, W. (2014): Storytelling: Wie hirngerechte Marketing-Geschichten aussehen, in: Häusel, H.-G. (Hrsg.): Neuromarketing – Erkenntnisse der Hirnforschung für Markenführung, Werbung und Verkauf, 3.Aufl., Haufe Verlag, S. 167-182, hier S. 171.

werden in einem eigens für Geschichten zuständigem Gehirnareal gespeichert, dem episodischen Gedächtnis.

Geschichten in der Werbung haben deshalb eine so große Wirkung auf Konsumenten, da sie diese an eigene Erfahrungen und damit verbundene Emotionen erinnern. Außerdem lassen sie sich spontan miterleben und haben dadurch eine hohe Anziehungskraft.[96] Dabei werden Menschen besonders von Geschichten mit den Handlungsthemen Leben und Tod, Ankunft und Abschied sowie Liebe und Hass fasziniert.[97]

Neben der Sprache sowie Geschichten sind auch Symbole eine sehr historische Art, eine bestimmte Bedeutung zu übertragen. So zeigt z.B. das Logo der Marke Nike das sogenannte swoosh- Symbol auch dann, wenn das Symbol durch eine springende Person dargestellt wird. Die Bedeutung bleibt damit erhalten. Insgesamt haben Symbole für die Kommunikation zwei Vorteile, zum einen kommunizieren Sie eine Botschaft sehr schnell zum anderen reagieren Menschen beinahe automatisch auf Symbole.[98]

Die Sensorik ist ein vierter wesentlicher Code, der in der Kommunikation von Unternehmen Anwendung findet.[99] *„Die Sensorik beschäftigt sich mit der Wahrnehmung, Beschreibung und Bewertung von Produkteigenschaften mit den Sinnesorganen, d.h. den visuell ("sehen"), olfaktorisch ("riechen"), gustatorisch ("schmecken"), taktil ("tasten") und auditiv ("hören") wahrgenommenen Eindrücken"*[100].

Neben visuellen Codes, z.B. die Wirkung von Licht, spielen dabei auch Geräusche, Gerüche sowie die Haptik von Produkten oder Werbemitteln eine wichtige Rolle. Werden mehrere Sinne gleichzeitig angesprochen, sprechen Scheier/Held von multisensualem Marketing.[101]

Alle diese Codes finden, alleine oder zusammen, über die Marketinginstrumente der Unternehmen im deutschen Einzelhandel Anwendung. Vor diesem Hintergrund werden im Folgenden die einzelnen Instrumente des Marketingmix im Detail betrachtet.

3. Einsatzmöglichkeiten des Neuromarketing im deutschen Einzelhandel

Der Realisierung von Neuromarketing im Einzelhandel wird über die verfügbaren Marketinginstrumente realisiert. Diese Werkzeuge eröffnen den Unternehmen Möglichkeiten, auf Märkte und Konsumenten gestaltend einzuwirken. In der Wissenschaft und Praxis haben sich die sogenannten ,,4Ps" durchgesetzt. Diese „4Ps" bezeichnen die Marketinginstrumente **P**roduct (Produkt), **P**rice (Preis), **P**romotion (Kommunikation) und **P**lace (Vertrieb). Das Entscheidungs-

---

[96] Vgl. Scheier, Ch., Held, D. (2018): Wie Werbung wirkt – Erkenntnisse aus dem Neuromarketing, a.a.O., S. 74 ff..

[97] Vgl. Fuchs, W. (2009): Warum das Gehirn Geschichten liebt – Mit den Erkenntnissen der Neurowissenschaften zu zielgruppenorientiertem Marketing, Haufe Verlag, S. 193 f..

[98] Vgl. Scheier, Ch., Held, D. (2018): Wie Werbung wirkt – Erkenntnisse aus dem Neuromarketing, a.a.O., S. 79 ff..

[99] Vgl. Scheier, Ch., Held, D. (2018): Wie Werbung wirkt – Erkenntnisse aus dem Neuromarketing, a.a.O., S. 81 ff..

[100] Deutsche Gesellschaft für Sensorik (2017): http://www.dgsens.de/erklaerung-definition.html, (letzter Zugriff am 18.04.2017.

[101] Vgl. Scheier, Ch., Held, D. (2018): Wie Werbung wirkt – Erkenntnisse aus dem Neuromarketing, a.a.O., S. 83 ff..

problem im Marketing besteht für die Einzelhändler darin, die optimale Kombination dieser Instrumente festzulegen, dem optimalen Marketingmix (vgl. Abbildung 7).[102] Mit dem Marketingmix wird die Marketingstrategie der Unternehmen realisiert.[103]

Abbildung 7: Die klassischen Marketinginstrumente (4Ps)
im Marketingmix

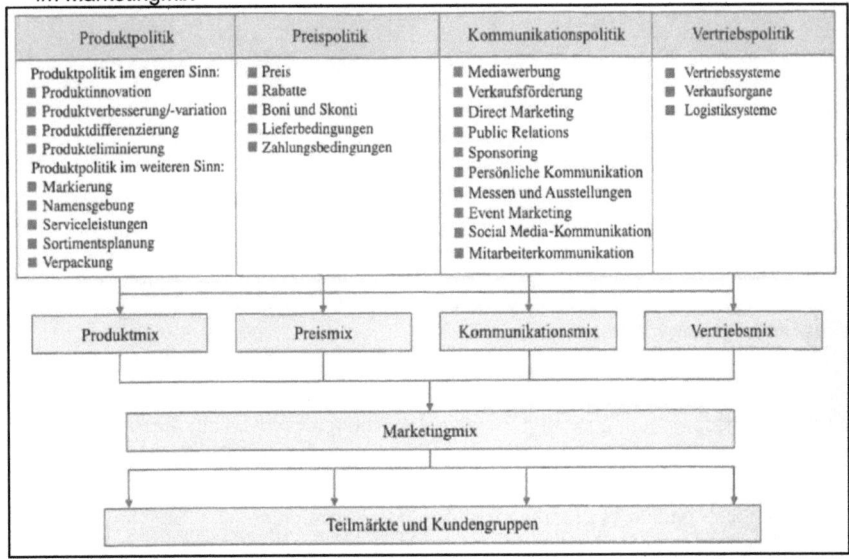

Quelle: Bruhn (2016): Marketing, a.a.O., S. 30.

Der Einzelhandel in Deutschland weist unterschiedliche Betriebsformen (Betriebstypen) auf, denen sich Merkmale wie Standort, Sortiment, Preisniveau, Verkaufsfläche oder Bedienprinzip zuordnen lassen.[104] Die Betriebsformen wiederum lassen sich in den stationären und den nicht-stationären Handel einteilen. *„Der stationäre Handel ist dadurch gekennzeichnet, dass das Einzelhandelsunternehmen seine Waren an einem festen Standort anbietet, zu dem sich die Kunden begeben müssen"*[105].

Die Produktpolitik ist dabei ein erstes Element im Marketingmix eines Einzelhandelsunternehmens. Ein Produkt ist dabei definiert als „... ein Bündel von Eigenschaften, das auf die Schaffung von Kundennutzen (jedweder Art) abzielt".[106]

---

[102] Vgl. Bruhn, M. (2016): Marketing. Grundlagen für Studium und Praxis, 13. Auflage, Springer Gabler Verlag, S. 27 f..
[103] Vgl. Homburg, C. (2017): Grundlagen des Marketingmanagements, 5.Auflage, Springer Gabler Verlag, S. 163.
[104] Vgl. Homburg, C. (2017): Grundlagen des Marketingmanagements, a.a.O., S. 292 ff..
[105] Homburg, C. (2017): Grundlagen des Marketingmanagements, a.a.O., S. 293. Im Gegensatz dazu ist der nicht-stationäre Handel ortsungebunden. Hierzu zählen der Internethandel, der Versandhandel sowie TV-Shopping oder der ambulante Handel (z.B. Bofrost Eiswagen). Aus Kapazitätsgründen soll in dieser Arbeit darauf nicht näher eingegangen werden.
[106] Homburg, C. (2012): Marketingmanagement, a.a.O., S. 545.

Die Produktpolitik betrifft alle Entscheidungen im Hinblick auf das gegenwärtige und zukünftige Produkt- und Dienstleistungsangebot. Diese umfassen sowohl Produktinnovationen als auch am Markt etablierte Produkte. Eingeschlossen dabei ist auch die Wahrnehmung der Produkte durch die Kunden, welche im Rahmen des Markenmanagements gezielt gesteuert werden kann.[107]

Für Handelsunternehmen von zentraler Bedeutung sind dabei Entscheidungen über die Breite und die Tiefe des Produktprogrammes, wobei im Einzelhandel häufig von Sortiment gesprochen wird. *„...Sortimentsentscheidungen (haben) im Handel aufgrund des enormen Sortimentsumfangs vieler Handelsunternehmen, der großen Bedeutung von Verbundwirkungen sowie der vergleichsweisen hohen Freiheitsgrade von Handelsunternehmen ...eine besondere Qualität"[108]*.

Die Sortimentsbreite kennzeichnet dabei die Anzahl der unterschiedlichen Warenbereiche und Warengruppen. Eine hohe Anzahl an unterschiedlichen Warengruppen steht für ein breites Sortiment. Dieses ist beispielsweise in Kaufhäusern vorhanden, während Fach- und Spezialgeschäfte ein engeres Sortiment aufweisen.[109]

Die Sortimentstiefe misst die unterschiedlichen Sorten und Artikel, die innerhalb von Sortimentseinheiten angeboten werden. Eine hohe Sortimentstiefe liegt vor, wenn innerhalb einer Warengruppe zahlreiche unterschiedliche Artikel angeboten werden. Auch die Sortimentstiefe variiert mit der Betriebsform.[110]

Einen zweiten großen Bereich in der Produktpolitik im Handel stellt die Gestaltung von Dienstleistungen dar. Auch diese können zur Differenzierung von Wettbewerbern beitragen. Zu unterscheiden ist dabei, wie viele Dienstleistungen angeboten werden (Breite und Tiefe des Dienstleistungsangebotes), wie vielen Kunden diese Dienstleistungen angeboten werden (Zielgruppenbreite des Dienstleistungsangebotes) und wie aktiv diese Dienstleistungen vermarktet werden (Aktivität der Vermarktung des Dienstleistungsangebotes). Je höher diese drei Dimensionen ausgeprägt sind, umso dienstleistungsorientierter ist ein Handelsunternehmen.[111]

Eine dritte produktpolitische Besonderheit im Marketing von Einzelhändlern stellt das Markenmanagement dar, wobei die Gestaltung der Eigenmarken eine besondere Rolle spielt. Bei diesen Marken, die auch als Handelsmarken oder Private Labels bezeichnet werden, treten die Einzelhändler selbst als Markenführer auf. Zentrale Motive für die Einführung von Handelsmarken sind höhere Margen sowie eine höhere Unabhängigkeit von den Markenartikelherstellern.[112]

---

[107] Vgl. Homburg, C. (2012): Marketingmanagement, a.a.O., S.539, zu den Entscheidungen in der Produktpolitik allgemein vgl. Bruhn, M. (2016): Marketing, a.a.O., S. 123-164.
[108] Homburg, C. (2017): Grundlagen des Marketingmanagements, a.a.O., S. 295.
[109] Vgl. Homburg, C. (2017): Grundlagen des Marketingmanagements, a.a.O., S. 295.
[110] Homburg nennt an dieser Stelle beispielsweise die Artikelgruppe Bier, welche im SB-Warenhaus 187, im Verbrauchermarkt 171, im Supermarkt 101 und im Discounter 9 verschiedene Artikel umfasst. Vgl. Homburg, C. (2017): a.a.O., S. 295 f..
[111] Vgl. Homburg, C. (2017): a.a.O., S. 296 f..
[112] Vgl. Homburg, C. (2017): a.a.O., S. 297 f..

Die Preispolitik ist das zweite Element im Marketingmix von Einzelhandelsunternehmen. Sie „...umfasst alle Entscheidungen im Hinblick auf das vom Kunden für ein Produkt zu entrichtende Entgelt (Preis)"[113]. Nach Homburg haben preispolitische Entscheidungen in Unternehmen eine schnelle Umsetzbarkeit, eine schwere Revidierbarkeit, eine große Wirkungsstärke sowie eine hohe Wirkungsgeschwindigkeit.[114]

Ein erstes Entscheidungsfeld im Einzelhandel liegt dabei in der Preisbestimmung für einzelne Artikel, wobei der Einkaufspreis (Einstandspreis) einen natürlichen Anker darstellt, auf den ein Preisaufschlag vorgenommen wird. Die Höhe dieses Preisaufschlages wird als Handelsspanne bezeichnet.[115]

Ein zweites Entscheidungsfeld liegt in der Preisbestimmung für Artikelgruppen. Hier werden Mischkalkulationen durchgeführt und es werden nicht mehr die Deckungsbeiträge einzelner Artikel maximiert, sondern die Deckungsbeiträge von Teilsortimenten oder für einen von einem Kunden gekauften Warenkorb. In diesem Zusammenhang kann es vorkommen, dass einzelne Artikel durch andere quersubventioniert werden.[116]

Im Rahmen von Preisänderungen spielen insbesondere Sonderangebote (temporäre Preisreduktionen) eine wichtige Rolle. Deren Wirkung ist jedoch nicht immer messbar. „Der Popularität dieses Instruments steht kein gesichertes empirisches Wissen über die direkten und indirekten Wirkungen von Sonderangeboten gegenüber"[117].

Als drittes Instrument im Rahmen des Marketingmix ist die Kommunikationspolitik zu nennen. „Aufgabe der Kommunikationspolitik ist die planmäßige Gestaltung und Übermittlung von Informationen die die Adressaten der Kommunikation im Bereich Wissen, Einstellungen, Erwartungen und Verhaltensweisen im Sinne der Unternehmensziele beeinflussen sollen"[118].

Kommunikation meint also den Austausch von Informationen. Dieser Austausch ist durch einen Kommunikationsprozess gekennzeichnet, dass ein Sender eine Botschaft über einen Kommunikationskanal an einen Empfänger richtet, um somit eine bestimmte Kommunikationswirkung zu erreichen. So kann beispielsweise ein Unternehmen (Sender) die Vorteile des eigenen Produktes oder der eigenen Leistung (Botschaft) über eine Anzeige in einer Fachzeitschrift (Kommunikationskanal) an die potenziellen Verwender eines Produktes (Empfänger) kommunizieren, um damit ein Interesse und eine Kaufabsicht für das Produkt herbeizuführen (Kommunikationswirkung).[119]

Wichtige Instrumente der Kommunikation im Einzelhandel sind die klassische Mediawerbung, die Verkaufsförderung sowie das Direktmarketing. Im Rahmen der Werbung für einzelne Produkte und Preise werden dabei neue Produkte, Sonderangebote oder Produktbündel besonders hervorgehoben.[120]

Die Werbung für einzelne Einkaufsstätten stellt meist regionale Sonderangebote oder Zusatzdienstleistungen (z.B. die Zustellung und Montage von Produkten) in den Mittelpunkt der Kom-

---

[113] Homburg, C. (2012): Marketingmanagement, a.a.O., S. 651.
[114] Vgl. Homburg, C. (2012): Marketingmanagement, a.a.O., S.652, zur Entscheidungen in der Preispolitik vgl. auch Bruhn, M. (2016): Marketing, a.a.O., S. 165-198.
[115] Vgl. Homburg, C. (2017): Grundlagen des Marketingmanagements, a.a.O., S. 299 f...
[116] Vgl. Homburg, C. (2017): Grundlagen des Marketingmanagements, a.a.O., S. 299.
[117] Homburg, C. (2017): Grundlagen des Marketingmanagements, a.a.O., S. 299.
[118] Homburg, C. (2012): Marketingmanagement, 4. Auflage, Springer Gabler Verlag, S. 747.
[119] Vgl. Homburg, C. (2012): Marketingmanagement, a.a.O., S. 747,
[120] Vgl. Homburg, C. (2017): Grundlagen des Marketingmanagements, a.a.O., S. 300 f., zu Entscheidungen in der Kommunikationspolitik vgl. auch Bruhn, M. (2016): Marketing, a.a.O., S. 199-244.

munikation. Auf Grund eines begrenzten Absatzradius eignen sich als Werbemittel hierfür insbesondere Anzeigen in regionalen Tageszeitungen oder Anzeigenblättern, Prospekte und Beilagen oder Postwurfsendungen.[121]

Neben den einzelnen Kommunikationsinstrumenten ist im Einzelhandelsmarketing auf die besondere Bedeutung der persönlichen Kommunikation hinzuweisen. Diese spielt sowohl im Hinblick auf erfolgreiche Verkaufsgespräche eine zentrale Rolle, aber auch im Bereich der Erschließung von Cross-Selling-Potenzialen.[122]

Die Werbung für ein gesamtes Einzelhandelsunternehmen fokussiert meist auf ein günstiges Preisimage des Einzelhändlers oder bestimmte Preisgarantien. Hier bieten sich insbesondere die klassische Mediawerbung (z.B. TV-Werbung, Hörfunk-Spots) aber auch alternative Kommunikationsinstrumente wie Sponsoring oder Events an.[123]

Die vierte Komponente im Marketingmix ist die Distributionspolitik.[124] Da die Aufgaben der Distributoren heute weit über die physische Distribution von Produkten hinausgehen (Einzelhandelsunternehmen haben heute gegenüber den Konsumgüterherstellern eine erhebliche Marktmacht und entwickeln zahlreiche eigenständige Marketingansätze), wird in der jüngeren Literatur auch von Vertriebspolitik gesprochen. Diese umfasst sowohl die physische Warendistribution als auch marktorientierte akquisitorische und vertriebslogistische Aktivitäten.[125]

Einen wichtigen Bereich im Rahmen der Vertriebspolitik im Einzelhandel stellt der persönliche Verkauf dar, geht es doch hier darum, im Rahmen eines unmittelbaren Gesprächskontaktes zwischen Verkäufer und Kunden einen Kaufabschluss zu realisieren. Der Fach- und Sozialkompetenz des Verkaufspersonals kommt in diesem Zusammenhang eine zentrale Bedeutung zu.[126]

Als weitere bedeutende Bereiche im Bereich der Vertriebspolitik im Einzelhandel werden in der Literatur das Multi-Channel-Management (kombinierte Nutzung direkt konkurrierender Vertriebswege) sowie die Vertriebslogistik (Wahl der Standorte) genannt.[127]

4. Möglichkeiten der Absatzsteigerungen durch Neuromarketing im deutschen Einzelhandel

In diesem Abschnitt soll die Leitfrage beantwortet werden, nämlich welche Möglichkeiten Neuromarketing den Unternehmen im deutschen Einzelhandel bietet, Ihren Absatz zu steigern.

Ein erster wichtiger Aspekt ist dabei in der strategischen Positionierung von Einzelhandelsunternehmen zu sehen. Diese orientiert sich grundsätzlich an der subjektiven Wahrnehmung von Produkten oder Leistungen durch die Kunden. Ziel dabei ist es, eine bestimmte Position des eigenen Leistungsangebotes in der subjektiven Wahrnehmung der Kunden zu verankern. *„Die Positionierung ist ein „psychologisches Marktmodell" und stellt in einer mehrdimensionalen*

---

[121] Vgl. Homburg, C. (2017): Grundlagen des Marketingmanagements, a.a.O., S. 300.

[122] Vgl. Homburg, C. (2017): Grundlagen des Marketingmanagements, a.a.O., S. 300.

[123] Vgl. Homburg, C. (2017): Grundlagen des Marketingmanagements, a.a.O., S. 300.

[124] Zu den Entscheidungen im Rahmen der Vertriebspolitik vgl. Bruhn, M. (2016): Marketing, a.a.O., S. 245-278.

[125] Vgl., Homburg, C. (2012): Marketingmanagement, a.a.O., S. 848 f.

[126] Vgl. Homburg, C. (2017): Grundlagen des Marketingmanagements, a.a.O., S. 301 f..

[127] Vgl. Homburg, C. (2017): Grundlagen des Marketingmanagements, a.a.O., S. 302. Wie bereits oben erwähnt soll in dieser Arbeit auf den stationären Handel fokussiert werden und wird auf den Bereich des Internet-Handels aus Kapazitätsgründen nicht näher eingegangen.

Darstellung die unterschiedlichen Leistungen bzw. Marken eines relevanten Marktes in der Wahrnehmung der Kunden dar"[128].

Die Erkenntnisse der Hirnforschung lassen eine sogenannte limbische Positionierung von Einzelhandelsunternehmen zu (vgl. Abbildung 8).[129]

Abbildung 8: Limbische Positionierung von Einzelhandelsunternehmen

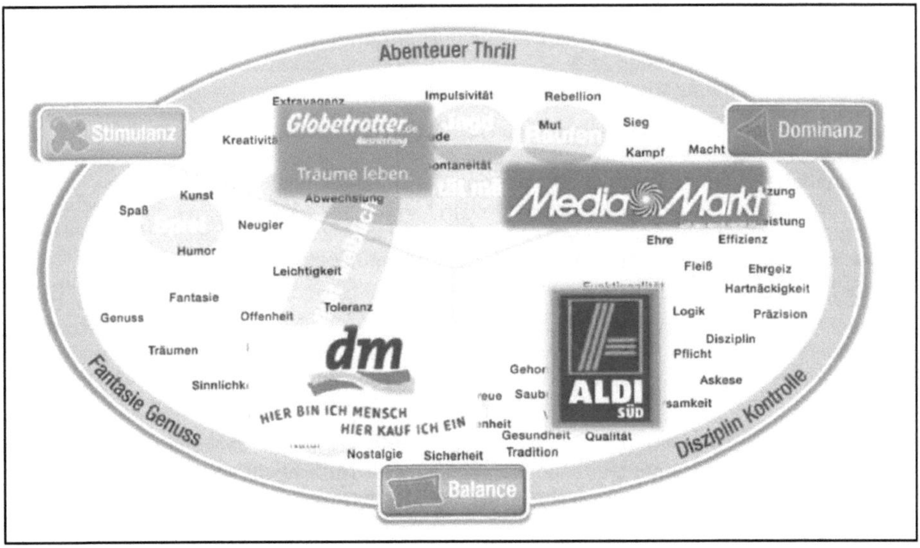

Quelle: Häusel, H.-G. (2014): Think Limbic!, a.a.O., S. 219.

Unternehmen im Einzelhandel sowie ihre kommunikativen Botschaften strahlen limbische Botschaften aus, die bei bestimmten Zielgruppen eine stärkere oder weniger starke Resonanz auslösen. Bei einer erfolgreichen Nutzung des Neuromarketing stimmen die limbische Positionierung des Unternehmens sowie das limbische Profil der Zielgruppe überein.[130]

Häusel nennt als erfolgreiche Beispiele einer limbischen Positionierung die Unternehmen Media-Markt, Aldi, dm und Globetrotter.[131]

Danach wird Unterhaltungselektronik überwiegend von Männern zwischen 16 und 35 Jahren gekauft. Die Dominanzkraft ist in diesem Alter am stärksten, was der Hintergrund für die Farbe Rot im Werbeauftritt ist. *„Rot ist die Farbe der Dominanz, sie aktiviert im limbischen System, genauer im Hypothalamus, den Kampf-Mechanismus"*[132]. Dieser Dominanz-Anspruch wird durch die Werbeaussage „Ich bin doch nicht blöd" manifestiert. Damit verbunden sind Werte

---

[128] Bruhn (2016): Marketing, a.a.O., S. 67.
[129] Vgl. Häusel, H.-G. (2014): Think Limbic!, a.a.O., S. 218 ff.
[130] Vgl. Häusel, H.-G. (2014): Think Limbic!, a.a.O., S. 218.
[131] Vgl. hierzu und zum Folgenden Häusel, H.-G. (2014): Think Limbic!, a.a.O., S. 218 ff.
[132] Häusel, H.-G. (2014): Think Limbic!, a.a.O., S. 219.

wie Durchsetzung, Aggression und Effizienz. Die Erwartungen der Kunden sind eine aggressive Preisstellung sowie eine große Auswahl, der das Unternehmen Media-Markt gerecht wird.

Im Bereich der Drogeriewaren sind es überwiegend Frauen, die hier konsumieren. Durch Östrogen wird bei Frauen das Bindungs- und Fürsorgesystem aktiviert. Die Werbeaussage „Hier bin ich Mensch, hier kauf ich ein" zielt und trifft dieses System vollständig. Die mit der Marke „dm" verbundenen Werte sind Vertrauen, Menschlichkeit und Nähe. Die Erwartungen der Kunden nach verlässlichen, wettbewerbsfähigen Preisen, freundlichen Mitarbeitern und einer angenehmen Ladenatmosphäre wird vollständig entsprochen.

Der auf Outdoor-Ausrüstung spezialisierte Handelsunternehmen „Globetrotter" besetzt in idealer Weise den Stimulanz-/Abenteuer-Bereich der Limbic Map. Die Werbeaussage „Träume leben" forciert die Lust auf Abenteuer. Damit verbunden sind auch die Werte wie Exploration, Aktivität und Freiheit. Die Erwartungen der Kunden nach einer großen Auswahl, einer erlebnisorientierten Warenpräsentation sowie der Möglichkeit, die Ware aktiv auszuprobieren, werden in idealer Weise erfüllt.

Als letztes gelungenes Beispiel für eine limbische Positionierung wird ALDI genannt. Das eingeschränkte, aber preislich wettbewerbsfähige und qualitativ gute Sortiment spricht die Balance-Kraft, insbesondere die Kontrolle an. Die damit verbundenen Werte sind Sparsamkeit, Zuverlässigkeit und Einfachheit. *„Genau diese Werte aktiviert ALDI prototypische. ALDI gelingt es in 1.000 Details, diese Emotionswelt zu bedienen"*[133]. Die Kundenerwartungen wie Sicherheit, einfache Orientierung, geringe Sortimentsauswahl zur Komplexitätsreduktion sowie eine verlässliche Warenqualität werden konsequent erfüllt.

Es erscheint empfehlenswert, dass Einzelhändler ihre Positionierung mit dem limbischen Profil ihrer Zielgruppe überprüfen. Sollte hier keine Übereinstimmung festgestellt werden, sollte eine Neuausrichtung in den Bereichen der Außendarstellung, des Sortimentes, des Verkaufsraums und der Mitarbeitenden überprüft werden.[134]

Neben diesem strategischen Element der Nutzung des Neuromarketing existieren mehrere Möglichkeiten innerhalb des Marketingmix, die Erkenntnisse der Hirnforschung für die Absatzsteigerung der eigenen Produkte und Leistungen zu nutzen. Häusel spricht in diesem Zusammenhang von „Boostern" und beziffert die Umsatzsteigerung auf jeweils zwischen 0,5 und 2 Prozent.[135]

Im Bereich der Sortimentspolitik ist zuerst eine klare Sortimentsgliederung zu nennen. Diese unterstützt die Kunden in der Orientierungs- und Suchphase und verhindert eine Informationsüberflutung. Dabei können klar getrennte Sortimentsblöcke durch ladenbauliche Maßnahmen geschaffen werden. Damit wird gleichzeitig auch ein unbewusster Blickverlauf unterstützt. Dabei sucht ein Kunde zunächst vertikal nach einem gewünschten Sortiment, um dann horizontal zu erkunden, welche Auswahl innerhalb des Sortimentes vorhanden ist (vgl. Anlagen 10 und 11).[136]

Neben der klaren Gliederung der Sortimente wirkt sich auch die Abfolge der Sortimente positiv auf den Abverkauf aus. Dabei geht es um die Beachtung von bestimmten Ordnungsstrukturen im Gehirn, den sogenannten „Mental Maps". Diese sind vergleichbar mit unbewussten Landkarten, wie Sortimente im Ablauf erwartet werden. Bei Lebensmitteln beispielsweise lautet die Mental Map „Frühstück", „Mittagessen" und „Abendessen", da dies dem Zyklus der täglichen

---

[133] Häusel, H.-G. (2014): Think Limbic! a.a.O., S. 220.
[134] Vgl. Häusel, H.-G. (2014): Think Limbic!, a.a.O., S. 221.
[135] Vgl. Häusel, H.-G. (2012): Emotional Boosting, a.a.O., S. 127.
[136] Vgl. Häusel, H.-G. (2012): Emotional Boosting, a.a.O., S. 129 f.

Nahrungsaufnahme entspricht. Dementsprechend sollte der Aufbau eines Lebensmittelmarktes entsprechend diesen Ordnungsstrukturen aufgebaut sein (vgl. Anlage 12). Kunden erleben damit das Geschäft so, wie sie es erwartet haben. Es wird Stress abgebaut und ein Gefühl von Vertrautheit und Unbeschwertheit wird freigesetzt.[137]

Im Bereich der Warenpräsentation sowie des Visual Merchandising sollte ebenfalls auf eine visuelle Ordnung und eine schnelle Orientierung geachtet werden.[138] Insbesondere eine Warenpräsentation auf Augenhöhe (Frauen ca. 150 cm, Männer 160 cm) sorgt für eine signifikante Steigerung der Abverkäufe (vgl. Anlage 13).[139] Vor diesem Hintergrund sollten in diesem Bereich Artikel mit einer hohen Profitabilität platziert werden.

Im Bereich der Preispolitik haben Rabatte sowie Rabatt-Schilder eine stark absatzsteigernde Wirkung. Dabei wird das Belohnungssystem im Gehirn aktiviert und Kunden konsumieren Produkte und Leistungen, die sie eigentlich gar nicht wollen oder nicht benötigen.[140]

Darüber hinaus können Einzelhandelsunternehmen den Abverkauf steigern, indem Preisanker gesetzt werden. Dabei wird ein verändertes Bezugssystem des Gehirns ermöglicht und die Tendenz zur Mitte des menschlichen Gehirns genutzt. Häusel weist diesen Effekt mit einem Experiment im Weinregal nach. Bei einer Auswahl von zwei Weinen mit unterschiedlichen Preisen wählen demnach 85 Prozent der Kunden den billigeren Wein und nur 15 Prozent den teureren. Stellt man einen zusätzlichen dritten, noch teureren Wein hinzu, verändert das Gehirn sein Bezugssystem. Durch den zusätzlichen, sehr teuren Wein erscheint der ursprünglich teure Wein billiger und wird von 28 Prozent aller Kunden gekauft (vgl. Anlage 14).

Sinnvoll erscheint auch, Preisaktionen mit einer begrenzten Stückzahl zu verbinden. Durch ein enges Zusammenspiel der Dominanz- und Balance-Kraft wird dabei im limbischen System ein Kampf- und Jagdmechanismus ausgelöst.[141]

Das dritte Element im Marketing-Mix ist die Kommunikationspolitik. Dabei hat das limbische System einen entscheidenden Anteil über Erfolg oder Misserfolg einer Werbebotschaft. *„Nur Botschaften, die möglichst direkt die Emotionssysteme ansprechen, haben die Chance auf einen Logenplatz im Kopf des Verbrauchers"*[142].

Der Kommunikation von Markenbotschaften kommt dabei eine zentrale Bedeutung zu.[143] Viele internationale und nationale Handelsunternehmen wie beispielsweise Aldi, dm, Media-Markt, aber auch starke regionale Handelsunternehmen wie der Lebensmittelhändler Hieber sind starke Marken, sogenannte Retail Brands. *„Retail-Branding steht für die Markenpolitik eines Handelsunternehmens auf der Ebene der Verkaufsstellen, wobei die Marke als strategische*

---

[137] Vgl. Häusel, H.-G. (2012): Emotional Boosting, a.a.O., S. 130 f., vgl. ders.: (2014): Think Limbic!, a.a.O., S. 212 f.., vgl. Häusel, H.-G. (2016): Brain View, a.a.O., S. 228 f..

[138] Einen guten Überblick zu Möglichkeiten der Warenpräsentation sowie zum Visual Merchandising bietet Schnödt, vgl. Schnödt, D. (2006): Mehr verkaufen durch professionelle Warenpräsentation, BBE-Verlag, Schnödt, D. (2014): Inszenieren – Verführen – Mehr verkaufen. Ladengestaltung mit multisensualem Marketing, Deutscher Fachverlag.

[139] Vgl. Häusel, H.-G. (2012): Emotional Boosting, a.a.O., S. 132, vgl. ders.: (2014): Think Limbic!, a.a.O., S. 213 f..

[140] Vgl. Häusel, H.-G. (2012): Emotional Boosting, a.a.O., S. 133, vgl. Häusel, H.-G. (2016): Brain View, a.a.O., S. 230 f..

[141] Vgl. Häusel, H.-G. (2014): Think Limbic!, a.a.O., S. 215.

[142] Vgl. Häusel, H.-G. (2014): Think Limbic!, a.a.O., S. 185.

[143] Eine äußerst detaillierte Darstellung dazu findet sich bei Rutschmann. Vgl. Rutschmann, M. (2018), Kaufprozessorientiertes Marketing: Stop Branding, Start Selling! Wie neueste Erkenntnisse aus der Verhaltensforschung und den Neurowissenschaften Marketing und Vertrieb beflügeln. Springer Gabler Verlag.

Leitlinie für das gesamte Handelsmarketing anzusehen ist"[144]. Kunden im Lebensmittelhandel in Lörrach konsumieren dann nicht mehr bei EDEKA, sondern „beim Hieber".[145]

Durch ihre jeweilige hohe Bekanntheit erfüllen diese Einzelhändler die Balance-Kraft des limbischen Systems, welches kognitive Sicherheit fordert. Die Unternehmen reduzieren die Komplexität, die bei der Auswahl mit meist vergleichbaren Einkaufsstätten entsteht. Daneben sind mit diesen Marken Emotionen verbunden und stärken damit den Kaufanreiz für ihre Kunden.[146]

Auf den Erfolg von Werbe- oder Markenbotschaften hat das limbische System dabei einen entscheidenden Anteil. Dies hängt eng zusammen mit dem bereits oben erwähnten „information overload".[147] Von 3.000 Pro-Kopf-Werbebotschaften, die über Internet, Plakate, Rundfunk, TV, Verkehrsmittelwerbung oder Schaufenster täglich auf Konsumenten einstürmen, werden nur 20 bis 30 im Kurzzeitgedächtnis gespeichert. Davon wiederum werden nur 2 bis 3 Werbebotschaften im Langzeitgedächtnis verankert. Ins Kurzzeitgedächtnis kommen die Botschaften dabei nur, wenn die Aufmerksamkeit des limbischen Systems erregt wird (vgl. Anlage 15). Dies ist die Aufgabe der Kreativität, nämlich die Werbebotschaft neu und ungewohnt darzustellen.[148]

Die gewonnene Aufmerksamkeit reicht jedoch nicht aus, um im Langzeitgedächtnis gespeichert zu werden. Dazu braucht es eine emotionale Bewertung und Beurteilung der Botschaft. Diese findet statt durch die graue Eminenz des limbischen Systems, die Amygdala (vgl. Anlage 16).

Die Fragen, welche die Emotionssysteme an die Botschaften stellen, lauten wie folgt:

„Trägst du zu meiner Sicherheit/Ruhe/Stabilität bei, hast du einen Sinn? (Balance)
Hilfst du mir, damit ich mächtiger und stärker werde als die anderen? (Dominanz)
Bietest du oder versprichst du mir neue lustvolle Reize und Erlebnisse? (Stimulanz)"[149].

Erfolgreiche Werbebotschaften sollten demnach also zwei Bedingungen erfüllen. Zum einen sollten sie durch ungewohnte Gestaltung die Aufmerksamkeit erregen. Zum anderen sollten sie die Erfüllung der Emotionssysteme erfüllen. Häusel betrachtet vor diesem Hintergrund auch die Unterscheidung in rationale und emotionale Werbung für unsinnig. *„Erfolgreiche Werbung ist immer emotional, weil wir durch Gefühle gesteuert werden"*[150].

Scheier/Held kommen in ihren Untersuchungen zum Ergebnis, dass durch die neuropsychologischen Erkenntnisse einige Grundannahmen der Werbewirkung in Frage gestellt werden können.[151] Danach wirkt Werbung auch ohne bewusste Aufmerksamkeit und ohne explizite Erinnerung, was Werbewirkungsmodelle wie beispielsweise das AIDA-Modell in Frage stellen würde. *„Die Hirnforschung zeigt aber, dass das Gehirn Botschaften auch dann verarbeitet, wenn wir diese nicht explizit und bewusst verarbeiten, weil wir sie etwa nur peripher oder nebenbei (Low Involvement) wahrnehmen"*[152].

Auch Stürmer/Schmidt kommen zum Ergebnis, das durch Erkenntnisse der Hirnforschung traditionelle Modelle in Frage gestellt werden. *„Die Einsicht um die begrenzte Erklärungskraft von*

---

[144] Hälsig, F. (2008): Branchenübergreifende Analyse zum Aufbau einer starken Retail Brand, Dissertation an der Universität Trier, S. 26.
[145] Zum Thema Retail Brand vgl. auch Häusel, H.-G. (2016): Brain View, a.a.O., S. 240 ff..
[146] Vgl. Häusel, H.-G. (2014): Think Limbic!, a.a.O., S. 185 ff..
[147] Vgl. zu den einzelnen Zahlen für Deutschland Scheier, Ch., Held, D. (2014): Die Neuro-Logik erfolgreicher Markenkommunikation, a.a.O., S. 82 f..
[148] Vgl. Häusel, H.-G. (2014): Think Limbic!, a.a.O., S. 186 ff..
[149] Häusel, H.-G. (2014): Think Limbic!, a.a.O., S. 187.
[150] Häusel, H.-G. (2014): Think Limbic!, a.a.O., S. 188.
[151] Vgl. Scheier, Ch./ Held, D. (2014): Die Neuro-Logik erfolgreicher Markenkommunikation, a.a.O., S. 89 ff..
[152] Scheier, Ch., Held, D. (2014): Die Neuro-Logik erfolgreicher Markenkommunikation, a.a.O., S. 89.

Ansätzen, in denen emotionale Prozesse nur unzureichend berücksichtigt werden wie beispielsweise im klassischen AIDA-Modell, geht Hand in Hand mit dem Trend innerhalb der neurowissenschaftlichen Konsumentenforschung zur Beschäftigung mit unbewussten Prozessen[153].

Vor dem Hintergrund dieser Ausführungen erscheint es für die Unternehmen des deutschen Einzelhandels erforderlich, das limbische System ihrer jeweiligen Zielgruppe zu beachten, um so eine möglichst hohe limbische Resonanz zu erzielen. Menschen mit einer hohen Dominanz-Kraft werden verstärkt auf Werbebotschaften mit Dominanz-Hinweisen reagieren.[154] Daraus könnte auch der große Erfolg von Baumarkt „Hagebau" mit dem Slogan „Mach dein Ding" resultieren. Konsumenten mit einer hohen Stimulanz-Kraft werden für Botschaften empfänglich ein, die neue Erlebnisse versprechen. Kunden mit einer hohen Balance-Kraft werden verstärkt Botschaften aufnehmen, die Sicherheit, Vertrauen und Stabilität versprechen.

Neben der klassischen Werbung im deutschen Einzelhandel kann Neuromarketing auch im Rahmen der Verkaufsförderung am Point of Sale (POS) eingesetzt werden. Dabei erscheint es aus verhaltenspsychologischer Sicht wichtig, in den Filter der selektiven Wahrnehmung zu gelangen. Es ist für die Einzelhändler die Frage zu beantworten, wie die subjektive Wahrnehmungsqualität am POS gesteigert werden kann. Traindl kommt in einer Studie zum Ergebnis, dass die selektive Wahrnehmung vom emotionalen Bewertungssystem gesteuert wird. Die Visualisierung des Sortimentes steht dabei im Mittelpunkt. Danach haben Warenbilder mit einer hohen emotionalen Aufladung (z.B. Erotik, Angst) in Form von Motivfotos eine höhere Wahrnehmung als Warenbilder, die nur Produkte zeigen (vgl. Anlage 17).

Auch die Entscheidungsbereitschaft am POS steigt mit dem emotionalen Interesse signifikant. Dabei ist zu beachten, dass die emotionale Aktivierung bei Mann und Frau deutliche Unterschiede aufweist.[155]

Im letzten Bereich des Marketing-Mix, der Distributions- oder Vertriebspolitik (place) geht es unter anderem auch um die Kundenerfahrungen im Geschäft, in denen die Erkenntnisse der Hirnforschung genutzt werden können. Homburg spricht in diesem Zusammenhang von einem *„Customer Experience Management"*[156].

Die Kundenerfahrung beginnt dabei bereits mit der Gestaltung der Außenfassade. Speziell bei einem Erstkontakt besteht bei den Kunden eine ungewisse Erwartungshaltung und werden alle verfügbaren Informationen genutzt, eine kognitive Unsicherheit abzubauen.[157]

Mit dem Betreten eines Einzelhandelsgeschäftes entsteht bei den Kunden Stress, welches auf ein fremdes Territorium sowie der komplexen Raumstruktur zurückzuführen ist. Unter Stress wiederum wird weniger gekauft, da die Konzentration auf das Sortiment erschwert wird. Empfehlenswert in diesem Zusammenhang erscheinen großzügige Eingangszonen sowie ein schnelles Erkennen der Laufwege und der Sortimentsbereiche.[158]

---

[153] Stürmer, R., Schmidt, J. (2014): Wie man den Emotionswert von Produkten messen kann, in Häusel, H.-G. (Hrsg.): Neuromarketing – Erkenntnisse der Hirnforschung für Markenführung, Werbung und Verkauf, 3.Aufl., Haufe Verlag, S. 115-131, hier S. 116.

[154] Häusel, H.-G. (2014): Think Limbic!, a.a.O., S. 189 f..

[155] Vgl. Traindl, A. (2014): Neuromarketing am Point of Sale, Häusel, H.-G. (Hrsg.): Neuromarketing – Erkenntnisse der Hirnforschung für Markenführung, Werbung und Verkauf, 3.Aufl., Haufe Verlag, S. 151-163, hier S. 157 ff..

[156] Homburg C. (2017): Grundlagen des Marketingmanagements, a.a.O., S. 302.

[157] Vgl. Häusel, H.-G. (2012): Emotional Boosting, a.a.O., S. 127 ff..

[158] Vgl. Häusel, H.-G. (2012): Emotional Boosting, a.a.O., S. 133, vgl. Häusel, H.-G. (2016): Brain View, a.a.O., S. 226.

Daneben sollte eine Wegeführung vorhanden sein. Dabei sollten Muss-Artikel im hinteren Verkaufsraum angeordnet werden. Durch die Stellung der Regale werden die Kunden fast gezwungen, durch das Geschäft gehen zu müssen. Auf dem Weg dorthin erwarten die Kunden dann verschiedene Belohnungen in Form von Aktions- oder Erlebnisinseln, die das Interesse der Konsumenten anziehen. Daneben werden die Kunden an vielen Sortimenten vorbeigeführt welche Impuls-Bedarfskäufe (z.B. Haushalsreiniger) oder Impuls-Lustkäufe (z.B. eine Bluse, eine Flasche Wein, eine Tafel Schokolade) ermöglicht.[159]

Die multisensorischen Einflüsse in den Einzelhandelsgeschäften sind ein weiterer Bereich, in dem Neuromarketing wirksam eingesetzt werden kann.[160] Dabei soll zuerst auf die visuellen Einflüsse eingegangen werden. Unterschiedliche Lichtquellen erzeugen bei Konsumenten eine subjektive Wahrnehmung. Im Lebensmittelhandel beispielsweise hat das Licht in der Käsetheke einen gelblichen Farbton, während es in der Fleischabteilung einen rötlichen Ton aufweist. In der Gemüseabteilung dagegen wird durch hartes Licht für eine hohe Farbbrillanz von Obst und Gemüse gesorgt und sorgt so für eine frische und appetitliche Wahrnehmung. Im Modehandel werden Dekorationen von Halogenspots akzentuiert und auch in den Umkleidekabinen wird spezielles Licht eingebaut, was bei den Konsumenten die Stimmung und auch den Umsatz verbessert.[161] Häusel schätzt, dass alleine durch den Einsatz von richtigem Licht der Umsatz um 5 bis 20 Prozent gesteigert werden kann.[162]

Musik in Einzelhandelsgeschäften ist ein zweites Element mit sensorischem Einfluss. Diese kann Kunden beschleunigen oder bremsen und bei schwacher Frequenz (z.B. im Automobilhandel) den Kunden das Gefühl nehmen, beobachtet zu werden. Daneben können Kaufentscheidungen durch Musik unbewusst beeinflusst werden.[163] Insgesamt erscheint der Einfluss von Musik geringer zu sein als der von Licht und Geruch.[164]

Ein angenehmer Geruch in einem Einzelhandelsgeschäft wirkt sich absatzfördernd aus. Gerüche gelangen in das limbische System und wirken dort entweder belohnend und aktivieren die Kauflust oder bestrafend und deaktivieren. Dabei können die Umsätze im Einzelhandel durch Geruchsmarketing um bis zu 3 Prozent gesteigert werden.[165] Häusel berichtet am Beispiel einer Bäckerei von einer Umsatzsteigerung von 30 Prozent, welche alleine auf den frischen Brotgeruch zurückzuführen ist.[166]

Als letzten Bereich der „Customer Experience", den Kundenerfahrungen vor Ort im Ladengeschäft, soll auf den Bereich der Kassenzone eingegangen werden.[167]An der Kasse kommt häufig eine Reihe von negativen Erlebnissen zusammen. Dabei handelt es sich um die Trennung von Geld, eine lange Warteschlange vor der Kasse und ein damit verbundener Autonomieverlust (Stress). Hinzu kommen der Zwang zum schnellen Einpacken und eventuell noch eine schlechtgelaunte Person an der Kasse. Ein positiver letzter Eindruck lässt sich damit nur schwer realisieren. Zu empfehlen an dieser Stelle ist ein langes Vorlaufband vor der Kasse, wodurch der Stress reduziert wird. Die Preisanzeige sollte so angebracht sein, dass die Kunden

---

[159] Vgl. Häusel, H.-G. (2012): Emotional Boosting, a.a.O., S. 134 f..
[160] Vgl. Häusel, H.-G. (2016): Brain View, a.a.O., S. 235-237.

[161] Vgl. Häusel, H.-G. (2014): Think Limbic!, a.a.O., S. 216.
[162] Vgl. Häusel, H.-G. (2012): Emotional Boosting, a.a.O., S. 135 f.
[163] Häusel zeigt dies an einem Experiment mit französischen und deutschen Weinen sowie französischer und deutscher Musik. Wurde im Geschäft französische Musik gespielt stieg der Abverkauf von französischem Wein signifikant an. Vgl. Häusel, H.-G. (2012): Emotional Boosting, a.a.O., S. 136.
[164] Vgl. Häusel, H.-G. (2014): Think Limbic!, a.a.O., S. 218.
[165] Vgl. Häusel, H.-G. (2012): Emotional Boosting, a.a.O., S. 137.
[166] Vgl. Häusel, H.-G. (2014): Think Limbic!, a.a.O., S. 217.
[167] Vgl. Häusel, H.-G. (2016): Brain View, a.a.O., S. 238.

mitschauen und kontrollieren können und eine lange Nachlaufzone sollte genügend Zeit lassen, alle Produkte zu verpacken.[168]

Es stellt sich an dieser Stelle die Frage, ob und wie sich das Konsum- und Kaufverhalten im Rahmen der zunehmenden Digitalisierung im deutschen Einzelhandel verändert und was die Verantwortlichen tun können, um die Kundenbedürfnisse möglichst optimal befriedigen zu können. Dabei geht es um den Aufbau von Webseiten, sowie den Einsatz des Neuromarketings im Rahmen der menschlichen Kaufentscheidung im Internet. Die Konzepte reichen dabei von multisensorischen Verarbeitungsprozessen im Gehirn über Kommunikation und Storytelling bis hin zur Zielgruppenbestimmung und dem Einsatz von Neuromarketing in den sozialen Netzwerken.[169]

Dabei kann zunächst festgehalten werden, dass die digitalen Medien die Erwartungen der Konsumenten verändern. Häusel spricht in diesem Zusammenhang von einer Belohnungserwartung.[170]

Verschiedene Studien zeigen, dass beispielsweise die Lesezeiten in einer Zeitschrift in digitaler Form via Tablet bei identischen Artikeln um ca. 40 Prozent kürzer sind als in der Printausgabe. Nach Häusel ist das Gehirn hierbei in einem „Goal- & Excite- Mode", während sich das Gehirn beim Lesen der Printausgabe in einem sogenannten „Flaniermode" befindet. Daraus kann geschlossen werden, dass unterschiedliche Medien eine unterschiedliche Aktivierung im Gehirn auslösen (vgl. Abbildung 9).[171]

Abbildung 9: Unterschiedliche Aktivierungen im Gehirn bei unterschiedlichen Medien

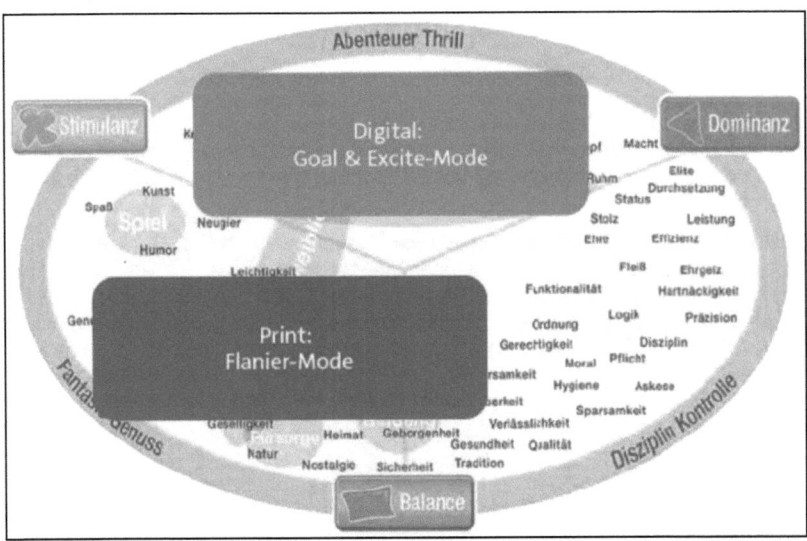

Quelle: Häusel, H.-G. (2016): Brain View, a.a.O., S. 245.

---

[168] Vgl. Häusel, H.-G. (2012): Emotional Boosting, a.a.O., S. 137 f..
[169] Eine äußerst umfangreiche und detaillierte Darstellung zum Einsatz von Neuromarketing im Internet liefern Pispers/Rode/Fischer, vgl. Pispers, R., Rode, J., Fischer, B., (2018): Neuromarketing im Internet, 3. Auflage, Haufe Verlag.
[170] Vgl. Häusel, H.-G. (2016): Brain View, a.a.O., S. 243 ff..
[171] Vgl. Häusel, H.-G. (2016): Brain View, a.a.O., S. 244 f..

Werden diese Erkenntnisse auf den Besuch einer Webseite übertragen, beginnt der Informationsprozess bereits mit dem Öffnen der Startseite (Landing Page). Bereits bei diesem ersten Eindruck werden zwei unterschiedliche Verarbeitungssysteme im Gehirn tangiert, nämlich der emotionale Eindruck (Emotional Load) und die Informationsüberlastung (Cognitive Load). Dabei sollte der emotionale Eindruck möglichst stark erhöht werden, während die Komplexität möglichst reduziert werden sollte, da sich diese unmittelbar auf die emotionale Stimmung und damit auf die Kaufbereitschaft der Kunden auswirkt.[172]

Auch bei der direkten Kaufentscheidung sollten Kognition und Emotion differenziert betrachtet werden. Unter kognitiven Aspekten sollte den Kunden dabei schnell und einfach vermittelt werden, was ein Produkt kann, aber auch was es nicht kann. Unerfüllte Erwartungen führen sonst zu erhöhten Rücksendequoten. Unter emotionalen Aspekten sollten Produkte möglichst attraktiv dargestellt werden. Gelingt dies, ist ein signifikanter Anstieg der „Conversion Rate"[173] zu beobachten.[174]

Neben den Inhalten ist die Attraktivität einer Webseite auch abhängig von der Benutzerfreundlichkeit (User Experience oder Usability). Zu verstehen sind darunter sowohl das graphische Design als auch Animation und Bedienungsfreundlichkeit einer Webseite (vgl. Abbildung 10).[175]

Abbildung 10: Benutzerfreundlichkeit einer Webseite aus der Sicht des Gehirns.

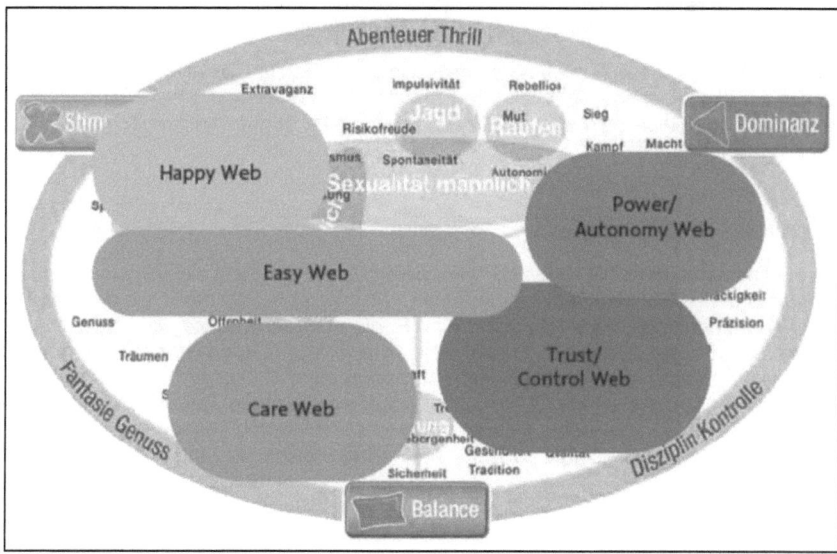

Quelle: Häusel, H.-G. (2016): Brain View, a.a.O., S. 249.

---

[172] Häusel nennt an dieser Stelle ein Beispiel eines Finanzdienstleisters, vgl. Häusel, H.-G. (2016): Brain View, a.a.O., S. 247.

[173] Die Conversion Rate gibt an, wie viele der Kunden, die ein Produkt angeklickt haben, es am Ende auch kaufen.

[174] Häusel zeigt dies am Beispiel eines Tests eines Web- Schuh- Shops, vgl. Häusel, H.-G. (2016): Brain View, a.a.O., S. 248.

[175] Vgl. Häusel, H.-G. (2016): Brain View, a.a.O., S. 249 ff..

Im Bereich „Happy Web" geht es dabei darum, dass Stimulanz System der Webseitenbesucher durch Überraschungen immer wieder neu zu aktivieren, während beim „Easy Web" das Gefühl einer leichten Bedienung im Vordergrund steht. Das kognitive und emotionale System der Kunden wird dabei positiv berührt und führt zu neuen Kaufimpulsen und Zusatzverkäufen.[176]

Im Umfeld des „Care Web" geht es um persönliche und schnelle Hilfe für die Kunden. Empfehlenswert erscheint hierbei eine deutlich sichtbare Hilfefunktion über den gesamten Kaufprozess. Die Möglichkeiten reichen dabei von einer Hotline über Mails bis hin zu Chats und FAQ. Entscheidend ist, dass die Besucher des Onlineshops zu jeder Zeit das Gefühl haben, Hilfe anfordern zu können.

Ein wesentlicher Grund für den Kaufabbruch im Rahmen des Onlineshoppings ist das fehlende Vertrauen der potenziellen Kunden. Im Detail geht es dabei um das Vertrauen in den Anbieter, die Produkte sowie der Zahlungsabwicklung. Dieses Vertrauen ist dabei im Umfeld von „Trust Web einzuordnen. Vor diesem Hintergrund ist der Aufbau von Vertrauen in diesem Zusammenhang von zentraler Bedeutung für die Einzelhandelsunternehmen. Aufgebaut werden sollte dieses Vertrauen insbesondere in den Bereichen Daten, Zahlung, Prozesse sowie die Beratung.[177]

Im Umfeld von „Power Web" geht es um Schnelligkeit wie z.B. Bildaufbau und Antwortzeiten sowie die Vermeidung von häufigem Scrollen. Daneben sind schnelle und einfache Bezahlvorgänge von zentraler Bedeutung. Im „Autonomy Web" stehen eine umfangreiche Sortimentsauswahl sowie weitere autonome Handlungsmöglichkeiten im Onlineshop im Mittelpunkt.[178]

Häusel schätzt, dass sich bei einer konsequenten Umsetzung des Neuromarketing im Einzelhandel die Umsatzerlöse um bis zu 30 Prozent erhöhen lassen.[179] Insgesamt erscheinen die Potenziale des Neuromarketing im Onlinehandel zum gegenwärtigen Zeitpunkt noch lange nicht ausgeschöpft.[180]

5. Grenzen des Neuromarketing

Bei der Betrachtung der Grenzen des Neuromarketings ist zuerst die Komplexität des Aufbaus und der Organisation des Gehirns zu nennen. *„Das Versprechen meist kommerzieller Vertreter des Neuromarketings, dass im Gehirn eine Region entdeckt werden könne, die zuverlässige Prognosen über das zukünftige Kauferhalten eines Konsumenten oder gar ganzer Konsumentengruppen erlaubt, ignoriert die Komplexität neuronaler Prozesse"[181]*. Dabei wird die grundsätzliche Funktionsweise des Gehirns angesprochen sowie die Tatsache, dass Kaufentscheidungen nicht auf eine einzelne Hirnregion beschränkt werden können und zahlreiche Funktionszusammenhänge zwischen verschiedenen Hirnbereichen bislang ungeklärt sind.[182]

---

[176] Emotionen können dabei durch sogenannte somatische Marker, z.B. den Einsatz von Farben im Onlinehandel, erreicht werden. Dabei werden bestimmte äußere Reize mit Erlebnissen, Emotionen und bestimmten Produkteigenschaften verknüpft, vgl. https://signundsinn.de/blog-beitrag/neuro-marketing-im-onlineshop/ (letzter Zugriff am 25.03.2019).

[177] Vgl. Häusel, H.-G. (2016): Brain View, a.a.O., S. 249-252, vgl. auch https://www.plentymarkets.eu/blog/Neuromarketing-im-E-Commerce-ndash-3-Tipps-wie-du-die-Hirnforschung-f-uuml-r-den-Online-Handel-nutzen-kannst/b-1748/ (Letzter Zugriff am 25.03.2019).

[178] Vgl. Häusel, H.-G. (2016): Brain View, a.a.O., S. 253 f..

[179] Vgl. Häusel, H.-G. (2012): Emotional Boosting, a.a.O., S. 138.

[180] Vgl. https://www.farner.ch/2017/05/neuromarketing-ecommerce/#.XJj_a5hKg2w (Letzter Zugriff am 25.03.2019).

[181] Taverna, N. (2013): Die Erforschung des Konsumentenverhaltens mittels neurowissenschaftlicher Methoden, a.a.O., S.153.

[182] Vgl. Taverna, N. (2013): Die Erforschung des Konsumentenverhaltens mittels neurowissenschaftlicher Methoden, a.a.O., S.153 f..

Auch Kenning weist auf die Komplexität dieser Prozesse hin. Es ist „...nach wie vor unklar, wie eine Marke im Gehirn entstehen bzw. gebildet werden kann"[183].

Daneben werden in der Literatur methodologische Schwächen der Untersuchungen genannt. Zum einen wird dabei auf unnatürliche Untersuchungssituationen eingegangenen und es werden die Grenzen der Ausgestaltung experimenteller Versuchsanordnungen (z.b. Komplexität der Fragestellungen in Konsumsituationen) aufgezeigt. Zum anderen erfolgt der Hinweis auf die geringen Fallzahlen neurowissenschaftlicher Untersuchungen sowie auf die Komplexität der Datenauswertung.[184]

Auch Kenning weist auf methodische Probleme hin. „Ein weiteres Problem der neuroökonomischen Werbewirkungsforschung ist derzeit noch der methodische Trade-Off zwischen zeitlicher und räumlicher Auflösung, der eine Messung der Vorgänge auf der Ebene einzelner Neuronen oft nicht ermöglicht"[185]. Auch erscheint bislang unklar, ob die über Hirnscanner gewonnenen Daten das beobachtbare Kaufverhalten von Kunden besser erklären können als beispielsweise eine empirische Befragung.[186]

Eine weitere Limitierung ist in dem hohen Aufwand für neurowissenschaftliche Studien zu sehen. So beträgt der Anschaffungspreis für einen MRI-Hirnscanner zwischen 1,3 und 2,7 Millionen Euro. Die jährlichen Kosten für den Unterhalt, die Miete für die notwendigen Räumlichkeiten sowie den Unterhalt für ergänzende Arbeitsgeräte und die Installationen für die Auswertung der gewonnenen Daten werden auf 120.000 bis 180.000 Euro beziffert. Für die direkten Kosten einer fMRT-Messung müssen damit pro Proband 350 bis 550 Euro kalkuliert werden.[187]

Nicht zuletzt wird auf ein mangelndes theoretisches Fundament hingewiesen, da die im Bereich des Neuromarketings publizierte Literatur auf einer überschaubaren Anzahl von Primärstudien beruht. Es wird in diesem Zusammenhang die Frage nach der Wiederholbarkeit der bislang gewonnenen Erkenntnisse gestellt.[188]

6. Fazit

Der Einzelhandel in Deutschland hat eine große volkswirtschaftliche Bedeutung. Die Unternehmen in diesem Sektor bewegen sich in einem schwierigen Wettbewerbsumfeld und stehen vor großen Herausforderungen. Zum einen sind angebotene Produkte und Dienstleistungen häufig austauschbar. Zum anderen steht die gesamte Branche im Wettbewerb zu anderen Sektoren (z.B. Reisebranche).

Vor diesem Hintergrund werden von den Unternehmen zahlreiche Vermarktungsmaßnahmen entwickelt und realisiert. Auf Grund einer zunehmenden Informationsüberflutung haben jedoch viele Aktivitäten eine geringe Wirksamkeit.

---

[183] Kenning, P. (2014): Neuroökonomik, Neuromarketing und Consumer Neuroscience: eine Standortbestimmung aus der Perspektive der Wissenschaft, in Häusel, H.-G. (Hrsg.): Neuromarketing – Erkenntnisse der Hirnforschung für Markenführung, Werbung und Verkauf, 3. Auflage, Haufe Verlag, S. 23-36, hier S. 26.

[184] Vgl. Taverna, N. (2013): Die Erforschung des Konsumentenverhaltens mittels neurowissenschaftlicher Methoden, a.a.O., S.155-164.

[185] Kenning, P. (2014): Neuroökonomik, Neuromarketing und Consumer Neuroscience, a.a.O., S. 29.

[186] Vgl. Kenning, P. (2014): Neuroökonomik, Neuromarketing und Consumer Neuroscience, a.a.O., S. 30 ff..

[187] Vgl. Taverna, N. (2013): Die Erforschung des Konsumentenverhaltens mittels neurowissenschaftlicher Methoden, a.a.O., S.164 ff.. Auch Häusel weist auf die hohen Kosten und den hohen zeitlichen Aufwand von Hirnscanner-Untersuchungen hin. Vgl. Häusel, H.-G. (2014): Neuromarketing, a.a.O., S.237.

[188] Vgl. Taverna, N. (2013): Die Erforschung des Konsumentenverhaltens mittels neurowissenschaftlicher Methoden, a.a.O., S.166 ff..

Neuromarketing kann die Unternehmen in deutschen Einzelhandel im Rahmen ihrer Marketingaktivitäten unterstützen. Die Erkenntnisse der Hirnforschung können dabei im Rahmen aller vier Marketinginstrumente der Produktpolitik, Preispolitik, Kommunikationspolitik und Distributionspolitik wertvolle Beiträge zur Absatzsteigerung leisten. Dabei fließen Erkenntnisse zu Emotionen und Emotionssystemen in die Entwicklung und Realisierung von Marketingaktivitäten ein und berücksichtigen unterschiedliche Segmente und Zielgruppen.

Es bleibt festzuhalten, dass das Neuromarketing einigen validen Limitationen unterliegen dürfte. Diese liegen in der Komplexität des menschlichen Gehirns, methodischen Problemen sowie hohen Kosten begründet.

Es kann davon ausgegangen werden, dass die Forschung zum Neuromarketing in der Zukunft manche der noch offenen Fragen beantworten wird können. Die Verantwortlichen in den Unternehmen des deutschen Einzelhandels sollten der Disziplin also weiterhin offen gegenüberstehen.

7. Literatur- und Quellenverzeichnis

Literatur

Bruhn, M. (2016): Marketing. Grundlagen für Studium und Praxis, 13. Auflage, Springer Gabler Verlag.

Esch, F.-R. (2010): Strategie und Technik der Markenführung, Vahlen Verlag.

Fuchs, W. (2014): Storytelling: Wie hirngerechte Marketing-Geschichten aussehen, in: Häusel, H.-G. (Hrsg.): Neuromarketing – Erkenntnisse der Hirnforschung für Markenführung, Werbung und Verkauf, 3.Aufl., Haufe Verlag.

Fuchs, W. (2009): Warum das Gehirn Geschichten liebt – Mit den Erkenntnissen der Neurowissenschaften zu zielgruppenorientiertem Marketing, Haufe Verlag.

Handelsverband Deutschland (HDE) (2018): Der deutsche Einzelhandel, o.O..

Hälsig, F. (2008): Branchenübergreifende Analyse zum Aufbau einer starken Retail Brand, Dissertation an der Universität Trier.

Häusel, H.-G.(2014): Einführung, in: Häusel, H.-G. (Hrsg.), Neuromarketing: Erkenntnisse der Hirnforschung für Markenführung, Werbung und Verkauf, Haufe Verlag, 3. Auflage.

Häusel, H.-G. (2014): Think Limbic! Die Macht des Unbewussten nutzen für Management und Verkauf, Haufe Verlag, 5. Auflage.

Häusel, H.-G. (2012): Emotional Boosting. Die hohe Kunst der Kaufverführung, Haufe Verlag, 2. Auflage.

Häusel, H.-G. (2014): Brain View. Warum Kunden kaufen, Haufe Verlag 3. Auflage.

Häusel, H.-G. (2016): Brain View. Warum Kunden kaufen, Haufe Verlag 4. Auflage.

Häusel, H.-G.(2013): Kauf mich! Wie wir zum Kaufen verführt werden, Haufe Verlag.

Häusel, H.-G. (2011): Die wissenschaftliche Fundierung des Limbic® Ansatzes, Gruppe Nymphenburg, München.

Homburg, C. (2017): Grundlagen des Marketingmanagements, 5.Auflage, Springer Gabler Verlag.

Homburg, C. (2012): Marketingmanagement, 4. Auflage, Springer Gabler Verlag.

Kenning, P. (2008): Neuromarketing: Vom Hype zur Realität – eine Standortbestimmung aus der Perspektive der Marketingwissenschaft, in: Häusel, H.-G. (Hrsg.), Neuromarketing: Erkenntnisse der Hirnforschung für Markenführung, Werbung und Verkauf, Haufe Verlag, 2. Auflage.

Kenning, P. (2014): Neuroökonomik, Neuromarketing und Consumer Neuroscience: eine Standortbestim-mung aus der Perspektive der Wissenschaft, in Häusel, H.-G. (Hrsg.): Neuromarketing – Erkenntnisse der Hirnforschung für Markenführung, Werbung und Verkauf, 3. Auflage, Haufe Verlag.

Kramer, R. (2016): Vergleichende Werbung für die Positionierung neuer Marken. Untersuchung der Werbewirkung mittels Strukturgleichungsanalyse, Dissertation der Universität der Bundeswehr, Springer Gabler Verlag.

Kroeber-Riel, W., Weinberg, P., Gröppel-Klein, A. (2009), Konsumentenverhalten, 9. Auflage, Vahlen Verlag.

Maslow, A. (2001): Motivation und Persönlichkeit, Rowohlt Verlag, 14. Auflage.

Nufer, G., Sauer, C. (2015): Neuromarketing im Handel, in: Rennhak, C., Nufer, G. (Hrsg.), Reutlinger Diskussionsbeiträge zu Marketing & Management, Reutlingen.

Pispers, R., Rode, J., Fischer, B., (2018): Neuromarketing im Internet, 3. Auflage, Haufe Verlag.

Riemenschneider, M. (2005): Der Wert von Produktvielfalt. Wirkung großer Sortimente auf das Verhalten von Konsumenten, Dissertation der Universität St. Gallen.

Scheier, Ch./ Held, D. (2014): Die Neuro-Logik erfolgreicher Markenkommunikation, in: Häusel, Hans-Georg (Hrsg.): Neuromarketing – Erkenntnisse der Hirnforschung für Markenführung, Werbung und Verkauf, 3.Aufl., Haufe Verlag.

Scheier, Ch./ Held, D. (2018): Wie Werbung wirkt. Erkenntnisse aus dem Neuromarketing. 3.Auflage, Haufe Verlag.

Schnödt, D. (2006): Mehr verkaufen durch professionelle Warenpräsentation, BBE-Verlag.

Schnödt, D. (2014): Inszenieren – Verführen – Mehr verkaufen. Ladengestaltung mit multisensualem Marketing, Deutscher Fachverlag.

Statista (2017): Dossier. Einzelhandel in Deutschland, o.O..

Statista (2019): Dossier. Einzelhandel in Deutschland, o.O..

Stürmer, R., Schmidt, J. (2014): Wie man den Emotionswert von Produkten messen kann, in Häusel, H.-G. (Hrsg.): Neuromarketing – Erkenntnisse der Hirnforschung für Markenführung, Werbung und Verkauf, 3.Aufl., Haufe Verlag.

Taverna, N. (2013): Die Erforschung des Konsumentenverhaltens mittels neurowissenschaftlicher Methoden – Eine Analyse der Möglichkeiten und Limitationen des Neuromarketing als innovativer Ansatz, Dissertation der Universität St. Gallen.

The Nielsen Company (Germany) GmbH (2016): Deutschland 2015. Handel, Verbraucher, Werbung, o.O..

The Nielsen Company (Germany) GmbH (2017): Nielsen Consumers Deutschland: Verbraucher-Handel-Werbung, o.O..

Traindl, A. (2014): Neuromarketing am Point of Sale, Häusel, H.-G. (Hrsg.): Neuromarketing – Erkenntnisse der Hirnforschung für Markenführung, Werbung und Verkauf, 3.Aufl., Haufe Verlag.

Internetquellen

Google (2017), https://www.google.de/webhp?sourceid=chrome-instant&ion=1&espv=2&ie=UTF-8#q=neuromarketing&*, (letzter Zugriff am 01. April 2017).

Google (2019), https://www.google.de/search?q=neuromarketing&rlz=1C1CHBF_deDE832DE832&oq=neuromarketing&aqs=chrome..69i57j69i60l3j69i59l2.3650j0j7&sourceid=chrome&ie=UTF-8, (letzter Zugriff am 21. März 2019).

Deutsche Gesellschaft für Sensorik (2017): http://www.dgsens.de/erklaerung-definition.html, (letzter Zugriff am 18.04.2017).

Deutsches Patent- und Markenamt (2016), https://presse.dpma.de/presseservice/datenzahlenfakten/statistiken/marke/index.html, (letzter Zugriff am 01. April 2017).

Farner.ch, https://www.farner.ch/2017/05/neuromarketing-ecommerce/#.XJj_a5hKg2w (Letzter Zugriff am 25.03.2019).

Plentymarkets.eu, https://www.plentymarkets.eu/blog/Neuromarketing-im-E-Commerce-ndash-3-Tipps-wie-du-die-Hirnforschung-f-uuml-r-den-Online-Handel-nutzen-kannst/b-1748/ (Letzter Zugriff am 25.03.2019).

Signundsinn.de, https://signundsinn.de/blog-beitrag/neuro-marketing-im-onlineshop/ (letzter Zugriff am 25.03.2019).

Statista (2017), Marktdaten zum Handel, https://de.statista.com/statistik/kategorien/kategorie/20/branche/handel, (letzter Zugriff am 18.04.2017).

Statista (2017), https://de.statista.com/statistik/daten/studie/421247/umfrage/herausforderungen-fuer-den-handel-aus-haendlersicht-in-deutschland-2015, (letzter Zugriff am 18.04.2017).

Statista (2016), https://de.statista.com/statistik/daten/studie/309556/umfrage/artikel-im-lebensmitteleinzelhandel-in-deutschland-nach-betriebsformen, (letzter Zugriff am 01. April 2017).

8. Anlagenverzeichnis

Anlage 1

Emotionale Funktionseinheiten des
präfrontalen Kortex.

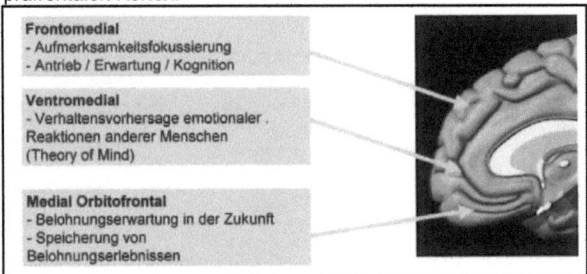

Quelle: Häusel (2014): Neuromarketing, a.a.O., S.249.

Anlage 2

Funktional-rationale Funktionseinheiten
des präfrontalen Kortex.

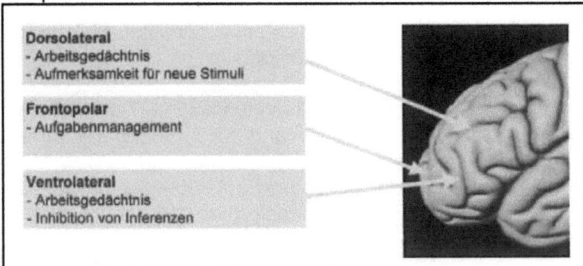

Quelle: Häusel (2014): Neuromarketing, a.a.O., S.249.

Anlage 3

Darstellung eines fMRT-Verfahrens

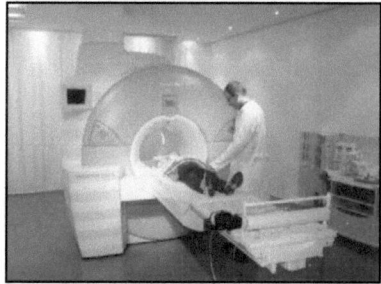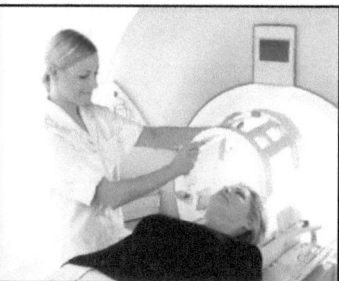

Quelle: Häusel (2014): Neuromarketing, a.a.O., S.233 f..

Anlage 4

Unterschiedliche Hirnaktivierungen bei einem jungen und einem älteren Mann bei gleicher Denkaufgabe

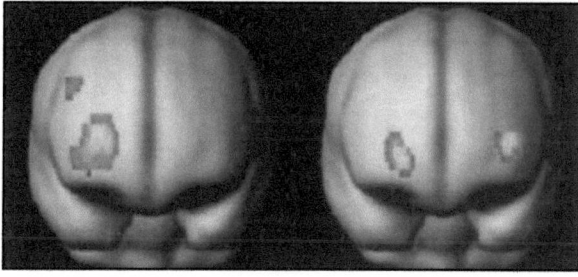

Quelle: Häusel (2014): Neuromarketing, a.a.O., S.239.

MEG-Verfahren und typisches Ergebnisbild

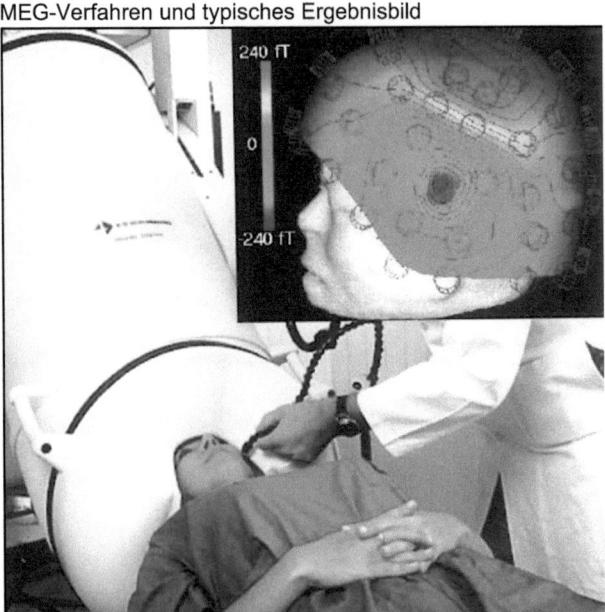

Quelle: Häusel (2014): Neuromarketing, a.a.O., S.241.

Anlage 6

Die wichtigsten Emotionssysteme
im menschlichen Gehirn

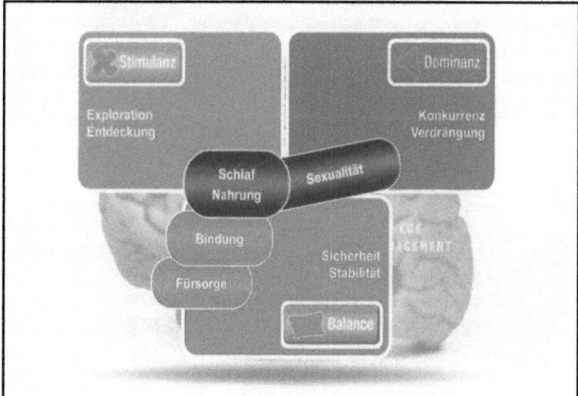

Quelle: Häusel (2014): Neuromarketing, a.a.O., S.58.

Anlage 7

Die beiden Seiten der Emotionssysteme
im menschlichen Gehirn

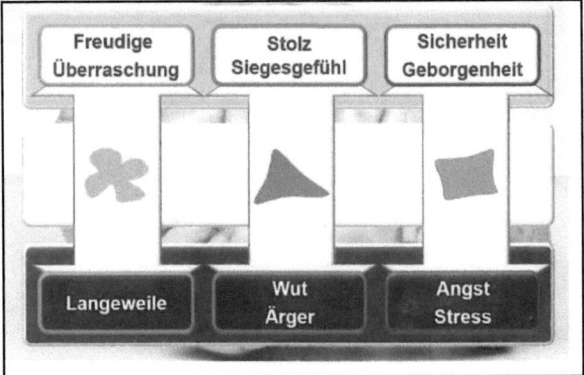

Quelle: Häusel (2014): Think Limbic!, a.a.O., S. 36

Verteilung der Limbic-Types in Deutschland

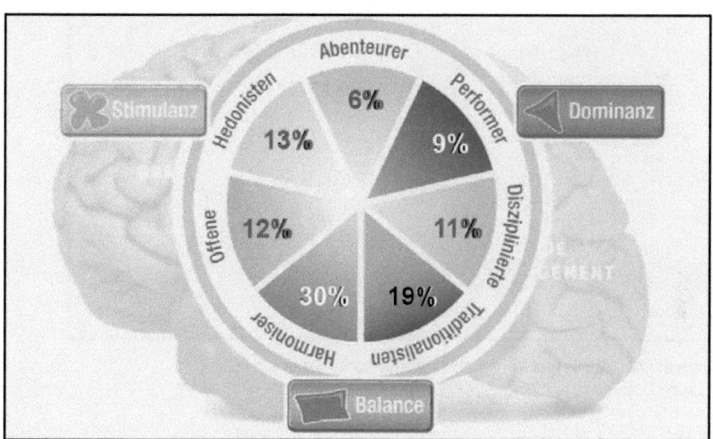

Quelle: Häusel (2011): Die wissenschaftliche Fundierung des Limbic
Ansatzes, a.a.O., S. 61.

Anlage 9

Limpic Types und Veränderungen im Alter

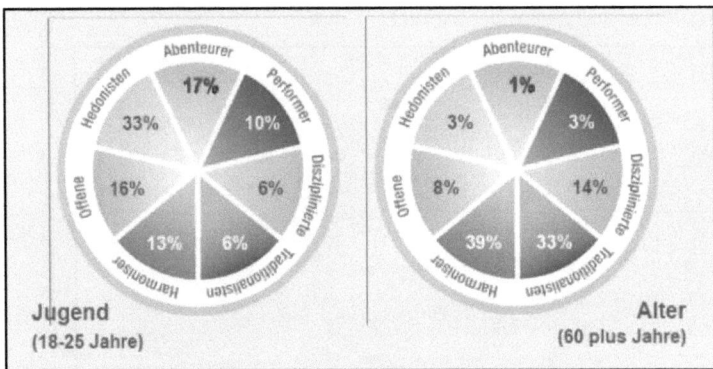

Quelle: Häusel (2011): Die wissenschaftliche Fundierung des Limbic
Ansatzes, a.a.O., S. 65.

Limbic Types und Geschlechtsunterschiede

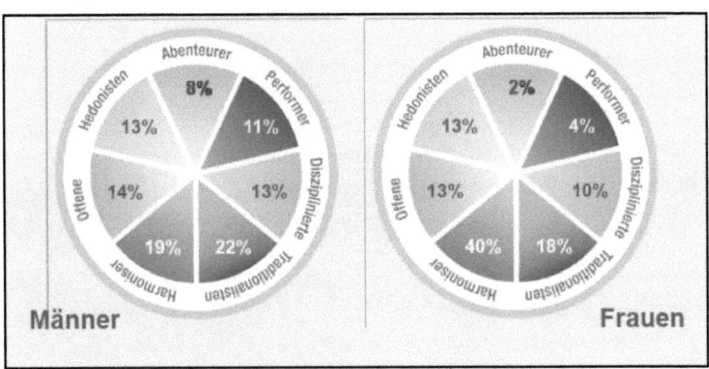

Quelle: Häusel (2011): Die wissenschaftliche Fundierung des Limbic
Ansatzes, a.a.O., S. 67.

Anlage 10

Orientierung durch eine klare Sortimentstrennung

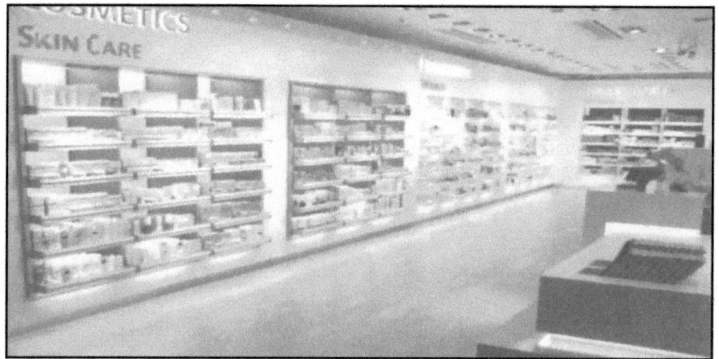

Quelle: Häusel (2012): Emotional Boosting, a.a.O., S. 129.

Anlage 11

Orientierungsblick und Suchblick von Kunden im Einzelhandel

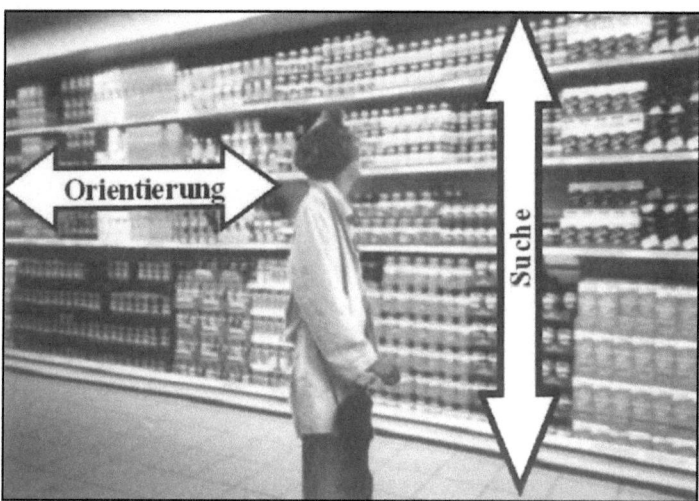

Quelle: Häusel (2012): Emotional Boosting, a.a.O., S. 129.

Anlage 12

Mental Map am Beispiel Lebensmittelhandel

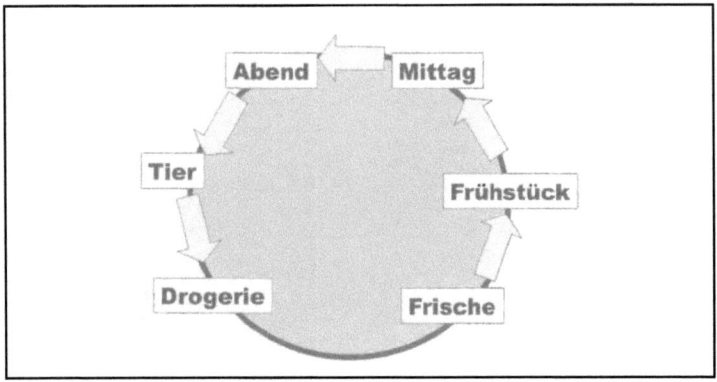

Quelle: Häusel (2012): Emotional Boosting, a.a.O., S. 130.

Anlage 13

Produktumsatz in Abhängigkeit von der Platzierungshöhe

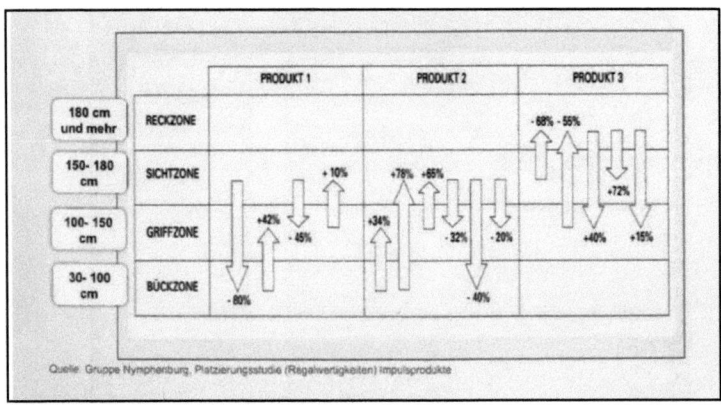

Quelle: Häusel (2012): Emotional Boosting, a.a.O., S. 132.

Anlage 14

Kaufhäufigkeit bei einer Auswahl von zwei Produkten

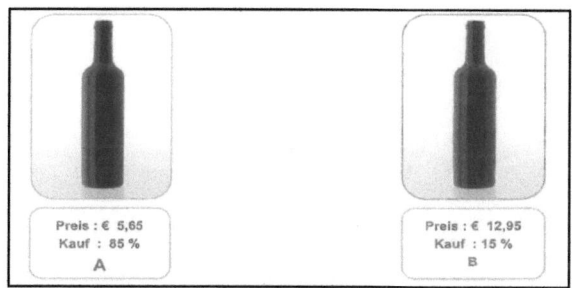

Quelle: Häusel (2012): Emotional Boosting, a.a.O., S. 133.

Kaufhäufigkeit bei einer Auswahl von drei Produkten

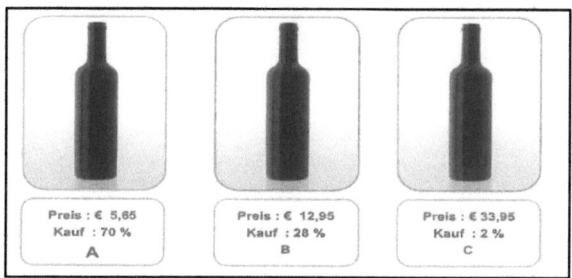

Quelle: Häusel (2012): Emotional Boosting, a.a.O., S. 134.

Anlage 15

Werbebotschaften im Zentrum für Aufmerksamkeit

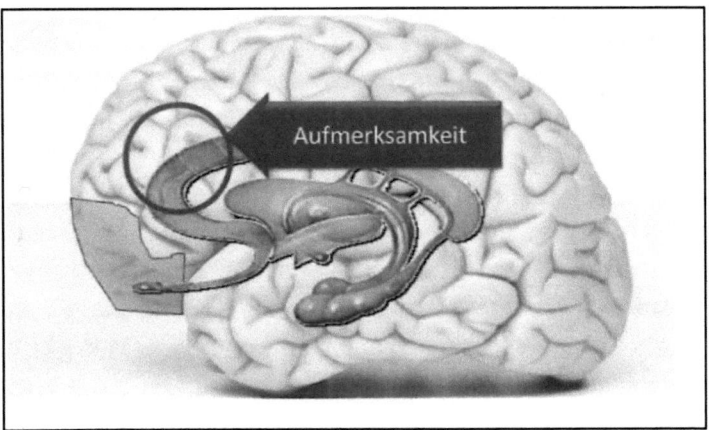

Quelle: Häusel (2014): Think Limbic! , a.a.O., S. 186.

Anlage 16

Werbebotschaften im Zentrum für emotionale Bewertung

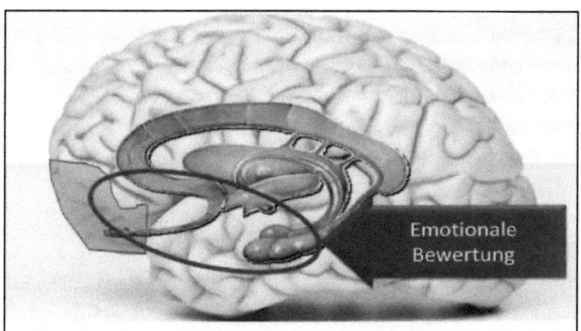

Quelle: Häusel (2014): Think Limbic, a.a.O., S. 187.

Anlage 17

Warenbilder mit und ohne Motivfotos am Point Of Sale

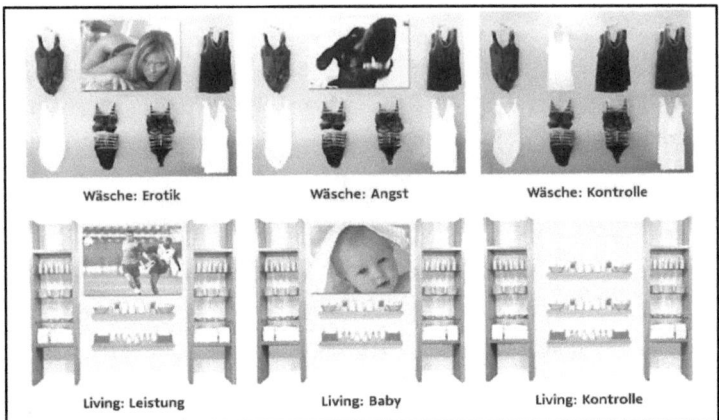

Quelle: Traindl, A. (2014): Neuromarketing am Point of Sale, a.a.O., S. 155.